香港大富豪のお金儲け
7つの鉄則

ユナイテッドワールド証券 会長
林 和人
Kazuto Hayashi

幻冬舎

香港大富豪のお金儲け　7つの鉄則

はじめに

キャセイパシフィック航空便の窓から見る香港は、まさに〝絶景〟です。一〇〇万ドルの夜景として有名なヴィクトリアピークからの夜景より、機上から見る香港全景のほうが、壮大な華僑資産をとらえやすいように思います。

アジアの金融センターと呼ばれて久しい香港は、あまり知られていませんが、亜熱帯気候の地であり、無人島を含めた四〇〇あまりの島々からなっています。

香港全体の面積は、東京都の約半分しかありません。

しかし、そこでつくられる華僑資産は、日本の国家予算に相当するとも言われます。

島と島との間に停泊する何台もの豪華クルーザーは、華僑富豪たちの富の象徴と言えます。また、それらを見下ろすように点在する白亜の豪邸群は、華僑富豪の住まいか別荘や別宅です。

香港に住んで一八年、あらゆる贅《ぜい》を尽くした豪邸に幾度となく招待されました。華僑の人々は、風水という方位学を好みます。そのため豪邸の間取りには風水が生かされています。玄関には、熱帯魚の群れが泳ぐ壮大な水槽が置かれ、玄関から続くリビングルームには、大理石と広大なペルシャ絨毯《じゅうたん》が敷き詰められています。

そして、ロールスロイス、ベントレー、巨大なプライベートプール、執事にメイド、門番ら多くの使用人……。

日本の平凡なサラリーマン家庭で育った私は当初、

「なぜ、こんなにも大金持ちがたくさん存在するのだろう?」

と疑問に思ったものです。

会うたびにその資産力に圧倒されながら、

「なぜ、こうも自分との違いがあるのだろう?」

と、あきらめにも似た疑問が何度も頭の中をよぎっていました。

私は、一八年前に大学を卒業した後、ハードワークだけど待遇がいい、これから成長する国で仕事をしたい、という理由で、岡三証券という準大手証券会社の香港法人で働きはじめました。

華僑投資家のふところに飛び込み、彼らの資産運用を手がけているうちに、華僑投資家たちが、ある一定のルールを忠実に実践していることに気がついたのです。

それは、華僑の個人投資家たちが大金持ちとなっていくうえでの絶対的な鉄則とも言えるものです。

その香港富豪の鉄則にしたがい、彼らのお金を運用することで、私は、三〇歳から三四歳の五年間に、それまでの年収の二〇年分を稼ぎ出すことができました。

そして香港にわたって一三年になるころ、香港の証券会社を個人で買い取ることができ、オーナー経営者となりました。

一八年前には初任給一四万八〇〇〇円のサラリーマンだった私が、証券会社のオーナー経営者になるなど、当時ではまったく予想すらできませんでした。

これも華僑投資家の鉄則にしたがった結果なのです。

そこで私は本書で、華僑の個人投資家が大金持ちになるための絶対的な鉄則を、私自身がどうやって身につけたか、どのように華僑投資家から影響を受けたのかを、一から整理してみようと思いたちました。

香港を拠点とする華僑投資家たちは、お金を儲けるために効果的な鉄則を繰り返し実践しています。

私はこの本で、彼らの鉄則を七つに整理しました。

その鉄則をお話しするうえで、まず押さえてもらいたいポイントは次の二つです。

●「不労所得」を活用しているということ
●お金は「経済的合理性」でのみ動くということ

つまり彼らの誰もが、株式や債券投資、不動産投資などでお金を運用し、「不労所得」を得ていて、その運用は感情などではなく「経済的合理性」に基づいてなされ、結果が生まれているということ。

言いかえると、この方法を正しく実践できれば、誰でも華僑富豪のような大金持ちになれるということです。

そういえばベストセラーとなった「金持ち父さん」シリーズの著者、ロバート・キヨサキ氏も、株式や債券、不動産投資を「不労所得」と呼び、いわゆる「金持ち父さん」になるためには給料ではなく、この不労所得を持たないとだめだと断じています。


本書では、株や債券、そして不動産で増やす「不労所得」が持つ魔力と、そこには大きな落とし穴が存在することにも言及しました。

一生懸命働いて稼ぐお金を「就労所得」というのに対して、株や不動産の売買でのみ稼いだお金が「不労所得」です。「不労所得」だけの人生は、その人の人生や性格がいびつになる副作用をもっています。

今年になって世間を大きく騒がせたライブドア事件や村上ファンドの問題も、尽きるところすべて、この不労所得が関与しています。

つまりは、汗水を流して稼ぐ就労所得と、株、債券、不動産で稼ぐ不労所得のバランスがとれなければ、人格形成や人間関係にひびが入ってしまうということです。

本書では、華僑投資家たちの鉄則がどんなものであるのかをわかりやすく提示していきます。そして、私自身がその鉄則をどのように現在のビジネスへと生かしていったのかもお話ししたいと思います。

また、お金を稼いだあとに訪れる人生のひずみに、彼らがどう対応しているかについても触れていきます。

本書を読んだ方のなかから、必ず一〇年以内には大金持ちや、日本の富豪と呼ばれている人が現れると思います。

この本で、華僑投資家たちの鉄則をあなたもぜひ身につけてください。

林　和人

INDEX 香港大富豪のお金儲け 7つの鉄則

第2章
お金がたまる華僑の発想術

第3章 巨万の富を築く華僑の投資術

第4章 具体的な行動を起こすためのヒント

鉄則7 つねに三年先を検証する

装丁――――――――――――米谷テツヤ
カバーイラスト――――――――武内未英
本文デザイン＋ＤＴＰ――――もちだかほり
編集協力――――――――山野浩二(媒体計画)

CHAPTER 1

第1章

私の運命を変えた三人の香港大富豪

私は、大学卒業後、岡三証券という証券会社に入社しました。

証券会社を選んだのは、当時、ソフトウエア開発会社や銀行と並んで「ハードワークだが給料はいい」と言われていたからです。

最終的には歩合外務員になって、やったらやっただけ給料に反映される仕事がしたいという目標もありました。

語学は得意ではありませんでしたが、海外のもっと大きなフィールドで働いてみたいという思いがあり、迷わず国際部への配属希望を出しました。

しかもこれから発展する国で仕事がしたいと思い、欧米を希望する同僚が多いなか、香港を希望し、すぐに受け入れられました。

英語はイギリスでの三カ月の語学研修や、地元関西で外国人観光客のためにボランティアのガイドなどをして鍛えましたが、香港に赴任したときでもまだまだでした。

かといって、同僚より多くの金融知識を持っていたというわけでもありません。

異国香港での証券マンとしてのスタートは、まったくのゼロからだったと言っていいでしょう。

一日七〇件！　大金持ちへの新規開拓

駐在二年目、日本株の営業を担当することになりました。

投資家に株式運用の助言をするとともに、その株式の売買注文を取り次ぎ、手数料をいただくという仕事です。

それまでは債券営業を担当していましたが、銀行などの金融機関などが対象で、手数料収入に制限があったため、新規開拓する相手にもおのずと限界があったのです。

そのころ、私はふたつの目標を心に決めていました。ひとつは、「この会社の社長になろう」という漠然としたもの。もうひとつは、「手数料で一億円稼ぐ」というもの。

だからこそ、「より大きな成績を得るには、株式営業に挑戦するしかない」と考え、自ら株式営業を志願したのです。

しかしながら香港にはコネクションが一切ありません。顧客ゼロからの出発です。

「とにかく最初は、ハードワークをして営業件数をこなすしかない」と考えた私は、香港にある上場企業の名簿を購入し、一社一社電話をかけ、アポイントを取ることに力を注ぎました。

「マイネームイズ　ハヤシ……。アイ　ウッド　ライク　ツー　ユー　ツー　インベスト　イン　ザ　ジャパニーズ　ストック（ハヤシと申しますが、日本株へ投資するのはいかがでしょうか？）」

中学生の英語です。

バーテンダーの英国人をつかまえて英訳してもらった新規開拓用のこのフレーズを、二〇代の私は、香港でおそらく数千回は繰り返したでしょう。

とはいえ、漫然とやっていては成果が上がらないのは当然です。一日七〇件の電話営業と一日に五〇件の飛び込み営業をかけるノルマを自分自身に課しました。

上場企業の名簿をコピーして大学ノートに貼り付け、上から番号をふる。そのうえで、一番から順番に電話をかけていくのです。

先方に「社長は不在です」と言われた場合、「いつお戻りになられますか」とたずね、次回電話をする。「いない」と言われる。そして翌日もまた、「社長は興味ないと思います」。

それでも、ただひたすら電話をかけつづけます。

しかし世の中、根性だけではどうにもなりません。結果はいつでも門前払い。

それだけではありません。会社では、赴任してきたばかりの上司とまったくそりが合わず、「おまえの英語は何だ。債券での成績は認められん」といじめられていましたし、レストランでは言葉が通じないので、マクドナルドばかり食べていたこともあります。

もしも私に根性だけしかなかったら、今ごろ香港から日本へと逃げ帰り、現在のネット証券会社の経営者になるなど夢にも思わない人生を歩んでいたでしょう。

しかし当時の私にはすでに、鉄則7で詳しく触れるノート「Destination（デスティネーション）」とそこに記しつづけた自分の目標がありました。八方ふさがりのような営業活動の日々も、それをノートに書くことによって自暴自棄になる寸前でとどまり、また電話に向かいます。

しかし、サラリーマンの私は会社にしがみつくことしかなく、一所懸命、一所懸命、一所懸命と心のなかで叫び、新規開拓をこなす毎日でした。

そんなハードワークに明け暮れていた私に、ようやく一人の華僑投資家に出会うチャンスが訪れます。

その方は、私にとって最初の華僑のお客様となりました。その後も長いお付き合いをさせていただき、多くのことを学ばせてもらうことになります。

当時すでに七〇代後半のようでしたが、流暢《りゅうちょう》なアメリカンイングリッシュを話す華僑富豪、それがY・H・コン氏でした。

最初に出会った華僑大富豪コン氏

香港島セントラル地区。世界一金融機関の多い都市で、ロールスロイスの絶対台数は世界一です。

その中心にある高層ビルの最上階に、個人オフィスをかまえていた老人がコン氏です。

当時私は営業開拓のため、彼のオフィスを含むこのビルに足しげく通っていました。

アジア人とおぼしき上品な秘書から幾度となく主人不在と言われていたある日、その上品なアジア人女性秘書から、住所が書かれた一枚のメモをわたされました。

「ここに行ってください」

それはセントラル地区を一望できる、「一〇〇万ドルの夜景」で有名なヴィクトリアピーク近くの住所でした。

インターフォンを押したとたん、

「誰だ？　何しに来た？」

と、大きな怒鳴り声。

「マイネームイズ　ハヤシ！」

当時の中学生英語が、無意識のうちに出ていました。

マンションの最上階にたどり着くまでに三回門番に止められ、荷物検査までされます。

目指す部屋の扉の前にようやくたどり着くと、防犯カメラが二台ついています。

二〇代前半の私はじつはこの防犯カメラが怖くて仕方ありませんでした。

「やばい場所なのか？」

「超ＶＩＰの大金持ちなのか？」

一瞬たじろいだ私の前で鉄格子の扉が「ガシャリ」と音を立てて開くと、七〇歳代後半くらいの老人が立っていました。

大きな黒縁のメガネと杖《つえ》を持った彼はほほえみながら言います。

「まさか、こんな若い日本人が来るとは思ってもみなかった」

「はじめまして。ものものしい警備ですね、いつもこうなんでしょうか?」

怖さを隠すために、私はとっさに質問していました。

「日本は平和なのでわからないだろうが、こんな警備は不思議かね?」

自分がこれまで育ってきた世界からはまったく想像のつかない、徹底した警備が必要な人がいることを改めて実感しました。

私は名乗りました。

「岡三証券という日本の準大手証券会社の営業社員です」

一九九二年の夏のことです。

日本株の話を始めると、私よりコン氏の知識のほうが、はるかに奥が深いことに驚愕《きょうがく》しました。

「岡三証券の若い営業マンには関係ないだろうが、今世界で一番いい証券会社はチャールズ・シュワブだ」

それまでまったく耳にしたこともなかった〝チャールズ・シュワブ証券〟。

現在ではネット証券として世界最大になったアメリカの証券会社ですが、当時は設立したばかりの新興ディスカウントブローカーに過ぎませんでした。

「日本株は有望です。投資しませんか？」

「日経平均は必ず下がる。興味ない！」

けんもほろろに言い放ちます。

「円は力強い通貨です。貿易額も世界最高です。円を資産として少し持ちませんか？」

「実需を伴わない外貨取引は疲れる」

日本円の強さを前面に出して、日本株投資を勧誘するロジックを見事に見透かされていました。

これらすべての答えが否定的でしたが、理由が非常に明確で論理がはっきりしています。

最後に圧倒されたのは、この一言。

「経済的合理性（Reasonable）にかなうものしかお金を出さない」

強烈な一言でしたが、後にこれが華僑投資家に共通する投資理念だということがわかることになります。

この言葉の意味するところはこうです。

「Reasonable」

辞書で引くと（道理的な）や（理にかなった）と出てきます。

単純な言葉ですが、多くの華僑投資家がつねに使います。

私は彼らの「Reasonable」という言葉を、「経済的合理性がある」という意味に解釈しました。華僑の大金持ち、特に一代で財を築いた人たちのほとんどが頻繁に使います。

そこで本書のなかで私は、この重要な華僑たちのキーワードを、形容詞「経済的合理性がある」でなく、名詞「経済的合理性」として使いたいと思います。

彼らの言葉全体から「Reasonable」の意味を考えると、次のようになるでしょう。


投資を感情で行わない。

お金を感情で使わない。

投資を論理で追求していくと、結果的にシンプルな経済的合理性につながる。


「ということは、Reasonableなもの、つまり経済的合理性に基づいたものなら、この富豪はお金を出すということか？」

「いったい俺は何を見てセールスしてきたんだろう！」

この言葉をかみしめながら、私は帰路につきました。

大富豪の心をつかんだ初めての取引

日曜日の証券会社の事務所。

誰もいないオフィスは駆け出しの営業マンにとって絶好の勉強場所でした。

その週の出来事などを整理すると同時に、あのコン氏の話を思い出しながら、私は金曜日の株価を映し出す株価ボードをながめていました。

私のオフィスの机上にある株価ボードを表示する端末には、当時あまり使われていなかった金融商品がありました。

その一年前に始まった大阪証券取引所で取引される「日経平均オプション」という商品です。

「オプション」

一言でいうと、将来の一定の時期に現時点より日経平均の株価が上がっていればその価格が上がるものをコールオプション、下がっていればその価格が上がるものをプットオプションといいます。

つまり、コールは「買い」。プットは「売り」という意味です。

私にあるアイディアがひらめきました。日曜日ですが、その場でコン氏の家へと向かいました。

夕方、アポイントなしでうかがうと、コン氏は当然のごとく不在。

三時間ほど家の前で待つと、白いロールスロイスに乗ったコン氏が帰ってきました。

この日も繰り返します。

「とにかく日本の株価は高い。投資するつもりもないし日経平均は必ず下がる」

案の定の返事でした。さらに、

「もう来るな!!」

非合理的なものを押し付けると決めつけられていた若い日本人営業マンが、華僑富豪のふところに飛び込めるかどうかがここで問われます。

しかも次の瞬間で、コン氏が顧客になる気があるのか、そうでないのかがわかるのです。

「日経平均のプットオプション（売る権利）を持ちませんか?」

とっさにコン氏の反応が変わります。

「……。ウーン！　なかに入れ！」

反応は素早く、詳しく説明する必要はありませんでした。

それほどまでにコン氏には、当時最新の金融工学を使って解析されていたオプションについての知識が十分あったのです。

翌日即入金。一〇〇万香港ドル（約一五〇〇万円）の金額でしたが、それはすべてプットオプションにつぎ込まれました。

オプションという商品は、将来の価格が自身の予想に反した場合は、そのすべてが消滅することが多いハイリスク商品です。一五〇〇万円相当額をすべて一度にオプションに投資することは、かなり危険なことだったと言えるでしょう。


オプションが始まった一九九一年は、「失われた一〇年」と言われる日本経済の停滞した一〇年の始まりの年です。

バブル景気の反動で日本の株式がにわかに不安定になっていたころ、私の顧客の一人であるコン氏は、プットオプションの大量の買い付けを行いました。

この意外な注文に本社から問い合わせが入ります。

「誰なんだ！　このプットオプションの買いの担当者は？　この客はどういう素性の人間だ？」

ヒステリックな、また、最初から否定するような態度で、プットオプションを購入した中国人の素性を調べろというのです。

一九九〇年代初頭の日本の証券界は、まだインターネットで自発的に売買するような時代ではありません。

証券会社では、営業マンがノルマを達成するために、「つねに株式相場は上がる」という前提で証券会社の営業戦略が立てられていました。それもそのはずです。顧客である投資家が株式を買ってくれないことには、証券会社の収入である売買手数料がもらえません。

特に、証券営業マンが「売り」をすすめることは自己否定につながるような風潮がありました。「買い」注文を取ることが当時の証券会社の営業の常識でもありましたし、私も元気よく顧客に「買い」ばかりすすめる証券マンでした。

この「買い」がコン氏の「経済的合理性」にまったく合致しなかったことは前述しましたが、当時の日本企業は自分たちの常識に反するものには、それが正しいものかどうかを考えもせずに否定的な態度をとっていました。

高度成長期のような右肩上がりの経済では〝右へならえ〟の思想も有効でした。しかしその思想が現在の世界経済では通用しなくなったことは、今となっては明白です。

こうした変動の大きな時代には、華僑投資家のように、先を読み、感情にとらわれずに利益を生み出す、経済的合理性に合った方法だけが有効なのだと思います。

まだ半信半疑で投資したプットオプションは、やがてその一カ月後に日経平均株価が一気に二万円を下回るほど暴落し、やがては投資金額の一〇倍になるという結末に終わります。

コン氏との最初の投資はこのような形で、当時の証券界にはタブー視されていた「売り」で関係が始まりました。

コン氏は言います。

上がるときもあれば下がるときもある。
いいときもあれば悪いときもある。
それでもすべては「Reasonable」なものに収斂《しゅうれん》する。

すなわち、経済的合理性に原則があるということです。

よい情報への報酬は当たり前

働かないで得た「不労所得」と、それを決定づける「経済的合理性」。

重要なこの二点について、当時まだ駆け出しだった私に教えてくれた恩人のコン氏でしたが、最初のころにはお金に対するカルチャーの違いというか、華僑の考え方への不理解のため、不愉快な思いをさせる事件も起こりました。

コン氏のプットオプションがみるみる値上がりしていたころ、氏から真夜中に電話がかかりました。八〇歳を迎えたコン氏は、アメリカのラスベガスでカジノを楽しんでいると言います。

「おまえはまだ若いからこういうところに来るとはまり込んでしまうだろうが、俺はここで若返るのだ！」

元気な声で言います。

「ところで今日も俺のプットオプションは値上がりしているな」

「一部売却しておこう」

一五〇〇万円つぎ込んだオプションの一部を売却し、三〇〇〇万円を現金化したあと、手元にはまだ八〇〇〇万円の利益が計上されていました。

ラスベガスからの電話で、コン氏はこんなことも話してくれました。

「人間は誰でも賭け事を好む習性をその本能に持っている」

（？・？・？・？・？）

私は何のことだかさっぱりわかりませんでした。

「そして、賭け事にはつねに感情が付きまとう」

「感情をコントロールすることで合理的に考えればこれも儲けることが可能だ」

後述する投資とギャンブルの決定的な違いを、みごとに人間の感情面から解析する言葉でしたが、当時二〇歳代の私にはまったく理解できませんでした。

話を戻します。

後日、香港に帰国したコン氏のオフィスに呼ばれると、氏はニコニコしてこう切り出しました。

「日本株は上がる、という幻想を持っていたおまえはいま、経済的合理性を追求（Reasonable）することができた。また、それを行動に移すことができた」

「ラスベガスからプットオプションの一部を売却し、利益を一部確定させたのは理由がある」

それまでにコン氏の元手の一五〇〇万円は、三〇〇〇万円の売却利益と含み益が約八〇〇〇万円に増えていました。

おもむろに、

「ラスベガスからのおみやげだ」

と封筒を差し出します。

「開けてみろ」

と言われるまま開封すると一万USドルの現金でした。

「ラスベガスでも儲けた」

というコン氏は、

「これをほうびにやる！」

ドル紙幣の入った封筒を私の目の前に差し出します。

お金を人からもらう経験などない私は、手わたされた封筒に大きな罪悪感を覚えながらもオフィスに戻りました。

私のそれまでの経験では、バイト代を含め給与以外のお金をもらったことがなかったからです。このような不労所得に対して何かうさんくさいものという考え方が、きっちりと私にもしみ込んでいました。

香港に爆発的にはやり出していたフィリピンカラオケ・パブにはまっていた私は、このお金がそれこそのどから手が出るほどほしかったことは言うまでもありません。しかし、この現金を会社に持ち帰った私は、迷った末に顧客からの預かり金として会社の経理部へわたし、コン氏の証券口座に入金しました。

後日、この行動がコン氏の逆鱗《げきりん》に触れました。

「秘書が今日、現金のしかもUSドルの入金があると言ってきた」

「あれは秘書にも知らせていない金だ」

「おまえにやった金だ！」

「帰れ！　証券口座はクローズ（解約）する！」

正直こんなに怒られるとは思ってもみませんでした。

それから何人もの華僑投資家と知り合った私は、むしろ彼らの経済的合理性からすれば当たり前の報酬なのだということを学ぶことになります。

当時の私は、華僑の「経済的合理性」をよく理解していなかったのです。

そして大事な顧客であるコン氏から怒鳴られた私は、その夜おなじみのフィリピンパブでヤケ酒を飲んでいました。

華僑の富豪は、こういった報酬をバックすることを常としています。

大阪の貧乏長屋の三男として生まれ育った私は、小さいころから共働きで懸命に働く両親の背中を見て育ちました。そのため働いて稼いだ就労所得以外の、こういった不労所得をもらうことには大きな抵抗を感じていたのです。

翌日パブで朝方まで飲んで、目を腫《は》らしていた私にコン氏はこう語りました。

「その飲み代はいくらだ！　俺が払ってやる」

と現金をくれます。

「おまえは何かにつけてできの悪い息子のようだな！」

「ひとつだけ言っておく。合理的に稼ぐことを悪と考えるな」

「ブローカー（証券会社の営業マン）より、いつかファンドマネージャーになったほうがより合理的だ」

給料という就労所得には、限界があることを悟った瞬間でした。

コン氏からは多くのことを学ばせていただきました。

数年のお付き合いの後にがんで他界される晩年、毎日のように自宅のベッド脇に座って見守っていました。

私も初めて人生のはかなさと、幸せと、そしてお金とは何かを考えさせられました。

コン氏が他界されて一週間後、病床の奥様があとを追うように他界されました。

新規開拓のノルマがきつい時期にコン氏から学んだこれらの哲学も、この本のなかで生きています。

コン氏の言葉が思い出されます。

「感情をのりこえて儲けろ！」

「感情は誰もいないところで一人で吐き出せ！」

ラスベガスに一人で出かけた氏は、そこで感情のすべてを吐き出していたのかもしれません。

そしてその後、岡三証券香港法人でコン氏から預かっていた資産は、私がコン氏との思い出や感傷にひたる間もなく、ご子息や娘さんの代理人の弁護士によって引き上げられました。

コン氏の死の悲しみと、預かっていた資産を引き上げられ打ちひしがれていた私は、まだ朝までパブで酒をあおる、経済的合理性の追求など程遠い、ただのサラリーマンでしかなかったのです。

運命のブレックファスト・ミーティング

さてまた、ハードワーク時代の話に戻りましょう。

ある日、昼食から帰ってくると机の上に一枚のファックスが置いてありました。

かねてから門前払いを八回ほど受けていた、有名なファミリーの当主の秘書からです。

たまたま、当主が香港に戻っているので朝食時は会うことができる、という内容でした。

「ブレックファスト・ミーティングをしたい。ついては午前八時に来てほしい」

ブレックファスト・ミーティングとは、欧米や華僑の間では一般的な、朝食をとりながらの情報交換です。時間を有意義に使う、合理的な打ち合わせの方法と言えましょう。

しかし当時の私にとって、朝の八時というのは日本時間の午前九時。つまり東京の株式市場が始まる、証券マンにとって神聖な時間でした。

朝会を終えると社員が全員そろって株価が映し出されるモニターの前で、ジッとその画面を見つめていなければなりません。非生産的な慣習ではありますが、精神論に支えられた当時の日本の証券会社では当然のことでした。

しかしせっかくのチャンスを、みすみす棒に振れるわけがありません。でも、理由がないと、朝会を欠席できません。

いろいろ考えた私は、結局、上司にはウソをつくこととしました。

「腹の具合が悪いので翌朝医者に行ってから会社に行きます」

そう言って半休を申請し、翌朝には資料を整えて呼ばれていた住所へとタクシーでたずねていきました。

日本の企業の精神論に背を向けて、合理的な華僑のブレックファスト・ミーティングに出席する。

このふたつの相反する価値観のはざまで、サラリーマンとして岡三証券の慣習を捨てたとき、知らないうちに私の人生の歯車が動きはじめていたのです。

「しまった！　間違えたかな」

ファックスにあった住所までタクシーを飛ばし、降りると私は思わずつぶやきました。タクシーに降ろされたところは、うっそうと茂る森を通り抜けた小高い丘の頂上付近。見えるのは何かとてつもなく大きな鉄製の門だけだったのです。

門のプレートに「Hotung Foundation（ホートン・ファンデーション）」と書いてあったのを、英語のつたない私は、何か勘違いしていたのでしょう。英国の植民地下にあった香港政庁の食料貯蔵庫か何かの建物だろうと思いながら、その周りを歩いてみました。どんなに歩いても、人が住んでいる家やマンションらしきものは見えてきません。

間違ったところに来てしまったと、正直がっくりしました。

「せっかく半休までとったのに……。もう少し寝ていたほうがよかったな」

あたりには何も見えず、人影もありません。タクシーも通らず、

「帰りはこの丘を歩いて帰らなければならない。トホホ……」

ほぼあきらめて最初にタクシーを降りた鉄製の門の横に戻ると、そこにインターフォンがあるのに気づきました。

どうにでもなれと思って鳴らしてみたところ、

「Hello!」

と英語で返事がありました。

一瞬、驚きで声がつまりながらもとっさに、

「マイネームイズ　ハヤシ」

その後に、

「このあたりでホートンという人の家を探しています」

恐る恐る聞いたところ、急に、ウィーンウィーンと大きな音。

「何だ、何だ！」

と思った瞬間。

「開いた！」

重厚な鉄製の門扉が開いたのです。

さらにその向こうには、鉄格子の門が二重に重なっていました。

インド人とおぼしきターバンを巻いた大男の門番により中門が開けられると、その内側は一面広大な芝生で、中央には巨大な噴水が水しぶきを上げていました。

中国人と欧米人のハーフと思われる中年の女性が、屋敷を案内してくれました。

「秘書のリタです。主人が奥のテーブルで待っています、ミスターハヤシ。あなたのような若い日本人が来たのは初めてよ」

通された部屋には、アメリカのキッシンジャー国務長官と握手している写真や、日本の著名な政治家と並んで写っている写真。古い財閥を形成する「政商」という時代を引きずっているようにも見えました。

華僑投資家の第一世代はそんな人々です。

ただ、香港を中心とする華僑財閥にも、世代交代や新たな波が押し寄せてきています。こういった由緒ある伝統的な華僑財閥を仮に「一世」と呼ぶとすると、一九九〇年代から二〇〇〇年を越えたあたりに登場した新しい世代は「二世」と呼べる人々です。

この財閥のオーナーはエリック・ホートン氏。香港人とポルトガル人のハーフでしたが顔立ちは完全な白人で、深いしわが刻まれた顔には気品高い人格が見てとれました。

短い挨拶の後、ミーティングはすぐに始まります。

「私は、エイティーミリオンドルほど日本株で損している」

八〇〇〇万ドル？　香港ドルか、米ドルか、怖くて聞くこともできません。

「君は五〇回以上電話をかけてきて日本株投資を推奨した。そんな君と会う時間が、本当に意義があるかどうかを五分でジャッジしたい」

軽くコーヒーカップを持ち上げ、広大な庭を散歩しながら急に言われました。

思ってもみない急展開ですが、こんなチャンスはめったにありません。

私は配当率が極めて高く、割安で放置されているある株式を一点張りで推奨しました。


一極集中。


実は後で判明するのですが、この一極集中はどの投資家にも共通した投資戦略です。

私はとっさに出せる銘柄として一銘柄、すべてを把握している銘柄の情報を持って、全身全霊を込めて推奨しました。

銘柄は、「東京スタイル」。

老舗《しにせ》の婦人服メーカーですが、業績がよく、内部留保の資金もたくさん持っていたため、ある会社から買収を仕掛けられました。

しかし、その買収を仕掛けていた会社の資金が続かず、株価は一気に下落。企業価値は高いにもかかわらず、安い株価で放置されていたのです。

「ディーリングルームへ行こう」

「えっ、ディーリングルーム？」

当時の岡三証券の香港現地法人でさえ、ディーリングルームはありません。そこにはモニターがずらりと並び、数人のディーラーが電話で売買をしていました。そこでまた私は、東京スタイルの説明をします。

ホートン氏は私の説明を黙って聞いていました。

「英文の財務諸表はあるか？」

関心のあるような顔を見せてくれました。

「すぐに取り寄せます」

その場で投資をするともしないとも結論はなく、私のへたくそな英語が伝わったかどうかはわかりません。

「また連絡する」

そう言うと彼は秘書に、

「お客様はお帰りだ」

言ったきり屋敷の奥に入ってしまいました。

「だめだ！」

私はそう悟りました。

通常の場合、華僑富豪たちは瞬間で物事を判断する傾向が強く、一度のアポイントメントで具体的な話の進捗《しんちょく》がないと二度と会うことはできません。

半休をとり、上司の心証を悪くしたことに少しだけ後悔しつつ、会社へと向かいました。

意に反して三日後、ファックスが入りました。

内容は、「以下の質問に答えてほしい」。

二〇項目にわたる質問事項があり、最後にこう書かれていました。

「条件がそろえば発行済み株式数の三三パーセント。できれば五一パーセントまで買うことも検討する」

成功すれば一〇〇億円を超えるディールです。

心躍りながら、この鉄扉のインターフォンを何度も押しに行きました。

口座開設、リスク説明、為替レートの確認、本人確認の書類提出。

そしてとうとう予備入金の日。最初から、一〇〇万香港ドルの保証小切手です。心がはち切れそうな鼓動を感じました。

「巨大華僑資産を動かす若手証券トレーダー」「金融界のスーパースター」こんな自分をイメージしていました。

トップを目指すなら、営業ノルマを達成し、他の営業マンより手数料を稼ぐことが何より重要です。

自分がそれまで見たこともない金額のお金を現実に扱おうとしている。

一所懸命、一所懸命、一所懸命。

電話をかけ、営業訪問にうかがい、また電話をする。それでもわずかな人からしか取引をしてもらえない時間が過ぎようとしていたころです。

しつこいようですが、飛び上がるくらいのうれしさでした。

当時、爆発的な人気を誇っていた映画『ウォール街』の主人公に成りすました自分を想像していました。

アメリカの人気俳優マイケル・ダグラスふんする大物投資家「ミスター・ゲッコー」に何百回も電話セールスをかけてアポを取る若手証券マン。一介のセールスマンから大物トレーダーへのし上がっていきます。

そしてニューヨークのマンハッタン島にある高層マンションのペントハウスで、ブロンドの美女とともに華やかな生活をおくる……。

しかし、映画の世界から、はかなくも現実の世界へと引き戻されるのに時間はかかりませんでした。本社の管理部から、きついお達しがあったのです。

「香港の財閥だか何だかしらんが、この取引をするなら前金をいただいてこい」

最初から買収を目的とした買い付けの旨を公示したこともあり、新人営業マンが取ってきた巨額の取引で、みな信じられないという雰囲気のなか、本社国際部からも当時の上司からも却下されてしまいました。

それもそのはずです。

当時は華僑財閥が日本の証券界でにわかに話題になっていました。それは香港に住むある華僑の大富豪が、大企業である王子製紙の保有する不動産に着目し、この会社の株式を個人資金で大量に買いはじめたからです。

純投資として買収するつもりでしたが、一九八〇年代当時の日本では、まだ敵対的買収やM&Aはまったく行われていません。結局、香港で取り次いだ日本の大手証券会社とその富豪氏との間で、裁判にまで発展していました。

この華僑富豪のように、同じような問題になることを恐れた当時の上司の判断で取引中止となりました。

いたし方ありません。

喜びの反面、切なさが胸のなかにうずまきました。

一五年ほど前の当時、香港はまだイギリスの植民地でした。「ホンコン」という響きには、「魔宮」「麻薬取引の温床」そして「チャイニーズマフィアの資金洗浄」といったダークなイメージが強かったころです。

「前金をもらわなければ、本当に払ってもらえるかどうか、わからんからな」

上司も不安であったと今では理解できます。

ホートン氏のことを理解してもらおうと私は、ヴィクトリアピークに近い丘の上の大邸宅で世界の名士と写真を撮っていることや、専用のディーリングルームがあることを伝えました。しかしどうしても、前金をもらわないと取引してはダメだというのです。

翌日。

通常、株式の取引は買い付けてから三日後に代金が支払われるのが常識です。

「取引する際は、全額すべて前金でいただきたいのですが」

唖然《あぜん》とする氏は、聞き取ることが困難なほどの小声でボソッとつぶやきました。

「香港の野村證券でも、そのようなことは一度も言われたことがない」

同時に奥のディーリングルームに消えていきました。

このやり取りだけで氏は、「この会社には取引をするつもりがないのだ」と瞬時に悟ったようでした。そして、ドライな華僑富豪の経済的合理性からすれば、野村證券の香港法人で私のすすめたこの銘柄を買い付ければ済むことです。

無言のままディーリングルームの中央に歩いて戻る氏を目で追いながら、同じく無言のままその部屋の片隅で立ち尽くす私……。

一瞬時間が止まったように感じました。

そのとき、氏の屋敷に出入りを許可されている香港の現地証券マン数名が、彼のまわりに集まり出しました。

香港上場会社の中国株、もしくは香港株の大口注文のようです。

「ダン!!」

氏が大きな声をはりあげると、一人の香港人証券マンが足早に秘書のリタ女史のところへかけ寄っていきます。すると秘書が、保証小切手にタイプで数字を打ち込んで戻ってきます。ホートン氏が見るからに重厚で高価そうな万年筆を取り出し、氏のサインをつづります。

小切手の数字のカンマを見て、一瞬のうちに約二億香港ドル（約三〇億円）の取引が成立したことがわかりました。

小躍りする証券営業マンの後ろから、私を遠くにみつめるホートン氏は、「Good bye」と大きな声で手を振りました。

当惑する私を見た氏は、喜びを隠せない営業マンに広東語で何か耳打ちをしています。私を出口まで案内しろと命じたようです。

退出を余儀なくさせられた負け組み証券マンの私は、同じく若い地元の証券マンに案内されて出ていきました。

華僑富豪のシビアさ。いや、経済的合理性のための当然の行為です。

この後、幾度となくリタ女史に電話を取り次いでもらおうが、アポイントメントなしで外のインターフォンを押そうが、数百回電話をかけようが、この屋敷の重厚な門はその後二度と開くことはありませんでした。

岡三証券のオフィスに戻ると、現地採用の香港人営業マンがこう言いました。

「おまえがホートンの屋敷に行っていたのはファックスを盗み見て知っていたよ。日本人の上司に相談するからこうなるんだよ」

そして続けます。

「ホートン一族は香港の名士だよ」

「そもそもよくアポイントメントが取れたな?」

「またよくそんなところへ行くことができたな！　俺だったらそのディーリングルームでディーラーの仕事をさせてくれとお願いしていただろうな」

「だって、彼の運用資金でこの岡三証券も買えるし、それで俺も香港の花形ディーラーだぜ」

まくし立てるように話す現地の同僚営業マンの言う意味があまり理解できません。

日本の大学を出て準大手証券に勤めている私に、当時そういった発想はまったくなく、考え方の相違にひどく驚いていました。

下着工場のなかの最新鋭ディーリングルーム

次に紹介したいのは、香港時代に知り合った華僑投資家のなかでも、私の人生において、もっとも重要な人物の一人、タム氏です。

タム氏と初めて会ったのは、香港が中国へ返還される一九九七年、多くの華僑投資家が香港の土地、資産を処分して海外へ移住しているころ。そんななか私は、香港と中国との国境地帯にある荒廃した工場地帯に営業をかけていました。

この日の訪問先は、日本製の女性用下着を孫請け生産している工場の社長。名をジョージ・E・タムといいました。

電話で約束したアポイントメントの時間に訪問しましたが、訪問するといきなり秘書から言われました。

「社長はいません」

「でも、お約束したのですが」

「いません！」

「いらっしゃらないんですか？　アポイントメントを入れてありますが！」

「いませんので、また来てください」

仕方ないので、帰るしかありません。

その場でまた別な日に来ると言い残し、また電話でアポを取ってふたたび訪問です。

「社長はいらっしゃいますか」

「彼はいま忙しいと言っています」

「でも、お約束いただいたのですが、一分でもいいのでお話しできませんか」

「ヒー　イズ　ソー　ビジー　ナウ」

忙しいと繰り返されては、帰るしかありません。

「では、またうかがいます」

そう言って、名刺を受付に置いて帰りました。

（ふざけんなよ！　忙しいなら、アポイントメントなんか受けるな！）

結局二回すっぽかされたうえに、前回、訪問したときに置いていった私の名刺がそのまま受付に放置されていました。

あきらめたら、これまで営業をかけてきた時間の意味がありません。

三回目の訪問です。

受付の女性が私の名刺を、工場の奥で怒鳴り声を上げている男へ持っていきました。

男は私の名刺をちらりと見たあとで、無造作に私の名刺を机の上にたたきつけ、また怒鳴り声を上げています。

それから男は一〇分ほど怒鳴りまくると、私のほうへ近寄ってきました。

「いったい、何の用だ！　何しに来た！」

厚い唇から広東語なまりの英語。

「ハヤシと申します。ミスター・タムにお会いしたいのですが？」

「俺だ！」

肩に穴のあいたシャツを着て、よれよれのズボンにぶ厚い縁のメガネをかけた中年の男。とても投資家という雰囲気の人ではありません。

まさかこのとき、この人が香港でも有数の投資家であり、香港市場では大きな存在力をしめすほどの大投資家だとは夢にも思わなかったのです。ましてや後にこの人の一五〇〇億円程度の現金と株券のポートフォリオを運用するようになるなど、そのときの私には想像すらできませんでした。

「日本の岡三証券で日本株の営業をしています。日本株は有望ですので投資しませんか」

タム氏の返答は一言。

「日本株はよくわからん」

「なぜ日本の株式に投資するのか？　明確で合理的な理由を簡潔に話せ」

そして一言付け加えます。

「そうでなければ帰れ！」

前述したホートン氏との初面談でも同じことを言われたことが頭をかすめながら、

「日本の株価は現在、低迷しています。しかし、日本企業はまだまだ健在です」

「俺は、香港市場の株が専門だ。買ったとしても有名なソニーやホンダなどの流動性の高い優良株しか買わない。知らない企業や、知らない技術などには絶対に金を出さない！」

日本株を否定するというより、認識不足、情報不足のものには手を出さない、と聞こえます。

私がそのとき持っていた日本の大手不動産の企業と銀行の株式の資料を出すと、

「香港最大手不動産会社の長江実業、そして、香港上海銀行（ＨＳＢＣ）とその銘柄を比較しろ」

そのとき出された長江実業とＨＳＢＣの財務データで、香港株のデータを生まれて初めて見ました。

香港の市場で取引されるこれらの企業と、日本市場で取引される自分の推奨銘柄を比べてみた私は愕然としました。利益率、財務内容、伸び率。何をとっても日本の三菱地所より長江実業のほうが勝っているのです。

住友銀行より香港上海銀行（ＨＳＢＣ）のほうが、一株あたりの利益率もずっと高い！おまけに配当利回りだけで一〇パーセント近くある。

「あれ？？」

経済大国である日本の市場に勝るのはアメリカくらいしかないだろう。そして香港市場なんてたいしたことがないと断じていた私はこのとき、

「これは何かの間違いだ。何かのトリックがあるのだろう。こんなはずはない！」

そう思ったのです。

なのに、この香港市場のトップ級の優良企業は、すでに欧米の投資家からＡ級の評価を得て取引が頻繁に行われており、流動性にもまったく問題ありません。

それでも、まだ私は、

「いや！　やはり英国の植民地でなにかとダーティーなイメージのある香港のことだ、何か裏があるに違いない!!」

感情的になり否定的になり、内心パニックになっていました。

株に対して華僑投資家は、「Reasonable」、いわゆる「経済的合理性」のみ鑑《かんが》みて投資をすることを初めて知った日でした。

それから一〇年後、長江実業の株価は四八倍になり、香港上海銀行の株価は一九八倍になりました。この人、タム氏は後に私の主要顧客の一人となって、私の考えに一番影響を与えた人です。

初対面のこの日、パニックから青ざめていた私に、

「そう落ち込むな！　君は若い。将来は香港で香港株そして中国株を扱え！　ちょっとこっちでこれを見ろ！」

「俺も、みんなも投資に対して真剣なんだ！」

香港島から遠く離れた、中国との国境に近い工場地帯。その雑居ビルと隣接する下着工場。タム氏のオフィスを通り抜けると奥の部屋へと続きます。

扉の向こうの部屋で見たのは、金融機関顔負けの、当時としては最新鋭の巨大なディー

リングルームです。

そこにはモニターが一〇台以上並び、最新の株式相場や経済動向を映し出していました。円形に囲むモニターの前には、タム氏の陣取る革製の大きなイスが置かれ、そして彼を取り巻くように置いてある十数台の電話機は、地元の証券会社のディーラーとのホットラインで結ばれています。

タム氏は巨額のポートフォリオを組んで、香港の優良銘柄に集中投資していました。

タム氏の工場で孫請けして作っていたのは、日本でもトップの下着メーカー、ワコールの製品です。

とはいっても華僑投資家についていてまだ何も知らなかった私は、まず下着工場にそんなディーリング設備があるということに仰天しました。

そしてそこで行われている投資が、当時の私の知識では遠くおよばないような情報と理論に裏打ちされたものであることにショックを受けたのです。

さらには自分の信じていた日本株市場を、はるかに超えた香港株市場の実力にも……。

タム氏は二三歳のときに五〇〇〇香港ドル（約八万円）をもとに投資を始めました。

そして下着工場で財産の基礎を築き、工場の敷地を担保に銀行から借り入れた資金で商業ビルを建てます。家賃収入のほとんどを香港の株式に投資し、資産が増えると工場をたたみ、今は株式と不動産のいわゆる不労所得一本で生活しています。

タム氏と私の関係は、あのディーリングルームで聞いた、「俺も、みんなも真剣なんだ！」の一言から始まります。

タム氏は不労所得を収入としています。つまり、不動産投資と賃貸収入を生業《なりわい》とし、株投資にほぼ一日を費やしているのです。

この後、タム氏と長年付き合って初めてわかることが多々ありました。

まず第一に、経済的合理性を徹底的に追求するあまり、究極の選択である就労所得を持たない人生。つまり最近日本でもみられる、デイトレードでの生活です。

この就労所得を持たない人生は大きなひずみを生じさせます。

つまり、働かないで稼ぐお金が人生を支配すると人間形成がいびつになったり、人とのコミュニケーションに話題性が乏しくなったりというさまざまな落とし穴の存在です。

タム氏の場合、下着工場をたたんでからこれらの落とし穴に対する自分の人生の対抗措置として、必ず実践していることがあります。

それは徹底的に目立たないように生きる、「Low Profile（ロウ・プロフィール）」と言われる生き方です。

そして毎日運動を欠かしません。また、アルコールは一切飲みません。人生において「酔う」ことが一度もないとのことです。

「みんな真剣なんだ」。この一言にタム氏の生き方のひとつの面が集約されているような気がします。

「俺は会社を一人息子に継がせる気はない。というのも今の俺の仕事は引き継ぐことのできない不労所得だからだ」

華僑の富豪は必ずといっていいほど不労所得で財を成しています。ただそれを生業とすると将来避けて通れない、落とし穴への準備も皆それぞれ怠っていないようです。

そして、みんな真剣に不労所得を人生のビジネスモデルに組み入れていると言えます。

タム氏は本当に強烈な人物です。

この本でもまだ何度も登場してもらおうと思っています。

努力は必要、しかしそれだけでは成功しない

私の香港奮闘記を含めて、三人の忘れられない華僑投資家についてお話ししました。いずれも強烈な個性を持った人物ばかりです。

ルックスだけ見れば、服装に気を使わないため、どう見ても投資家に思えないタム氏と、見るからに大富豪といった風情のホートン氏やコン氏の印象は私にとっても対照的でした。

ですが、今の私には三人の共通点のほうがより明確に感じられます。

それはともに自分の仕事に真摯《しんし》に取り組んできた来歴と、あくまでも経済的合理性に基づく投資行動。それは華僑投資家たち誰にも共通する特徴です。

私のハードワーク時代。今から思えばやみくもに努力していたわけで、あのころの私が一所懸命でなかったとは決して言えません。

しかし一所懸命なだけではそれで終わってしまうことも多い。これは真実でしょう。

成功するにはそのための方法が必要で、お金を儲けるためには経済的合理性に基づいた行動が不可欠です。

私がタム氏やホートン氏に出会えたのは、幸運な面もありますし、若さにまかせたハードワークが功を奏したとも言えるでしょう。

しかし、日本的な〝儀式〟を振りきったことで生まれたホートン氏との出会いが象徴すること。そして、合理的でない精神主義などから生まれるものはないということも、また真実だと思います。

「仕事を極めろ」

言い古されたフレーズですが、二一世紀は、

「仕事を極めて人間性を磨き、不労所得で財を成す」

このフレーズで、より豊かな人生が送れるのではないでしょうか。

ただ、この言葉の前提は「一所懸命なだけではチャンスに遭遇するだけで終わる」。チャンスに出会ったときに「経済的合理性で優先順位を決める」という言葉を付け加えることで、私たちの誰の人生にも大きな変化が訪れます。

CHAPTER 2

第2章

お金がたまる華僑の発想術

鉄則① 経済的合理性を第一に考える

ここでは、華僑投資家たちに共通する行動原理である「経済的合理性」について詳しくお話ししましょう。

経済的合理性とは、「感情」に流されず、「シンプル&シャープ（単純明快）」にお金儲けのために行動する、そんな合理性のことです。

私は経済的合理性を最初に出会った華僑大富豪であるコン氏から学んだのですが、多くの華僑投資家と付き合ってみて、コン氏だけでなく成功している投資家の誰もが〝同じ原理で動いている〟ことに気づきました。

それから私は、身にしみ込んだ感情に基づいた行動を避け、彼らのように「経済的合理性を第一に考えて行動する」ように心がけました。

そうしてみると、私たちが信じてきたサラリーマン的な発想や行動パターンの多くが、まるで経済的合理性を欠いた、お金儲けの役に立たないものだということがわかったのです。

では、私が華僑投資家たちのどんなところに経済的合理性を見たのか。彼らのエピソードをお話ししましょう。

気前のよさも使いわける

ここは、タム氏のエピソードからです。

バイタリティのあるタム氏は典型的な華僑一世世代です。証券マン時代から大変お世話になり、多くを教えてくれたタム氏ですが、何しろキャラクターが強烈なのでエピソードには事欠きません。

下着工場のなかにディーリングルームがあった、と言えば、映画などでよく見る香港の雑多であやしげな雰囲気をイメージするでしょう。確かにディーリングルームはそんな感じのところにあったのですが、タム氏の自宅といえば、まさに大富豪のイメージ通りです。

映画『慕情』の舞台にもなった、レパルスベイという美しいビーチと海岸線を見下ろす丘の頂上という香港でも最高のロケーション、五階建ての建物に六三もの部屋、タム氏専用のプール、広大な芝生の横に数十匹もの錦鯉《にしきごい》が泳いでいる流れる池、ベントレー、ロールスロイスにフェラーリ、ベンツ、レクサスなどの超高級車……。立地条件、建物、内装どれも最高です。

五つ星ホテルのロビー、水族館の巨大な熱帯魚、美術館で見る絵画や調度品。それらと比べてみても、すべて氏の家のほうが勝っているように思えます。

サウナが完備された浴室の巨大なジャグジーを見た瞬間、思わず、

「うちのリビングルームよりここのジャグジーのほうが広い！」

と声に出してしまいました。

バスルームを見て唖然としている私を見て、

「君はまだ若い。これからお金の儲け方をよく勉強すれば将来きっとこうなるさ」

「ありえないだろうけど、なんていい人なんだ！」

と心から思いました。

こういった香港の富豪第一世代の人たちは、第二世代と同年代の日本人である私からみると、お金にしか興味がない、とさえ思えるときが往々にしてありました。

タム氏はそんな第一世代の典型的な人物。タム氏との会話は、株をはじめとした投資、

つまりお金に関する話しかないと言っていいくらいでした。

岡三証券の東京転勤の辞令を辞退し、地元の証券会社に転じた一九九四年以降は、毎日朝七時から夜一一時までタム氏と一緒に過ごした時期があります。

朝は六時に起きて、会社より前にタム氏の自宅で朝食をとりながら株の話。朝八時には会社へ行ってタム氏の注文を受け、朝の相場が終わって飲茶《ヤムチャ》で株の話。夜は中華料理を食べながら株の話。そして、タム氏の自宅のマッサージ機にすわりながらテレビの経済ニュースで海外の株式市場の動向を見たあと、私は再びオフィスに戻ります。

そして真夜中のオフィスで一人、タム氏のニューヨーク株の注文を受けます。

夜中二時に帰宅した後、また翌日七時から朝食にタム氏の自宅へ……。

こんな生活が二年間続きました。

多くの華僑投資家を知っている私でも、あんなにお金のことばかり考えている人はほかに知りません。

第1章で書いたようにタム氏は、最初に会ったときの穴のあいたシャツ、よれよれのズボン、ぶ厚い縁のメガネと、身なりにはまったく気を使いません。こういうのも何ですが、おしゃれにはほど遠い人です。

そして身なりと同様に、食べ物にもムダなお金を使うことはありません。

あれはタム氏と会って間もないころでした。その後何度も繰り返されたように、朝からタム氏のところで株の話をしていたところ、

「腹がへったな。メシを食わないか」

とタム氏が言います。まだタム氏の人となりをよくわかっていなかった私は、富豪と食べるランチはどんなにゴージャスだろうと、つい期待したものです。

ところが、用意ができたと出されたのは、スーパーで売っているカップ麺。香港に来たばかりのころ、言葉が自由でなかった私がいやというほど食べた銘柄でした。

「これはうまいぞ！　いつもこれを食べるので買いだめしてあるんだ。まとめて買ったほうが安いからな。遠慮しないで何個食ってもいいぞ！」

そう言われても、そんなに食べられるものではありません。

不思議な人だと思ってつくづくタム氏の顔を見ると、何ともおいしそうに湯気の立つ麺をすすっていました。

そんなタム氏でも外食することはありました。

しかし行き先はいつも同じ店。タム氏の家の近所にある、会員制のレストランです。料

金が割引になる会員制と聞いて、何ともタム氏らしいと思った当時の私でした。

ところがこのレストランで、タム氏の様子にいつものケチケチしたところはありません。週に何度も行く店で、顔見知りのはずの従業員に払うチップの額が半端ではないのです。一〇〇〇香港ドル（約一万六〇〇〇円）をポンと出してしまうこともめずらしくありませんでした。

このころの私にとって、この気前のよさはまったくの謎でした。それまでに何度か、タクシーやホテルを利用しても、まったくチップを払わない場面を目撃していたからです。お金のことばかり考えているタム氏なら、正規の料金ではないチップを払わなくても合点《がてん》がいきます。では行きつけの会員制レストランで、よく知っている従業員に、どうしてあんなにチップを払うのでしょう。

私が不思議そうな顔でチップを払う様子を見ているのに気づいたタム氏は、こう言いました。

「ハッハッハ、俺がチップを払うのがそんなにおかしいか？　全然おかしくない。いつも来る店だからチップを弾むんだよ」

なるほど！　それまでのタム氏の行動を考えて、それ以上は聞かずに私は理解しました。

ちょっと考えてみれば、確かに当然なことに思えます。

リピーターである会員制レストランの従業員には、それ以降も何度もサービスを受けます。対してホテルやタクシーの従業員は、もう一度会うかどうかさえわかりません。

もうおわかりでしょう。

今後も世話になる従業員に払うチップは必ず自分へのサービスとして返ってくる、しかしその後会うかどうかわからない者にチップを弾んでも、自分のところに返ってくるとは限らないのです。

このチップの件は私に、タム氏の行動の基準、つまりすべての物事を利害関係でとらえる華僑投資家の経済的合理性について、深く考え直すきっかけにもなりました。

価値が下がりやすいものには投資しない

「価値が下がりやすい」

華僑でなくても誰でも投資したくないものです。

華僑富豪の間では動かす金額の桁《けた》がはるかに大きい場合が多いので、ひとつの不文律があります。

「流動性を最大限に考慮して銘柄を選ぶ」ことです。流動性の低いものは価値が上がりやすく、また、価値が下がりやすいのも事実です。

あとで述べる華僑富豪の別の鉄則である「一極集中」も、「流動性」が絶対条件。これは株式や不動産などの不労所得だけではなく、高額消費財にも適用します。

高額消費財とは車や家やマンションなど、一〇〇万香港ドルを超えるような高額商品のこと。彼らは高額消費財も、流動性を考えて選びます。

たとえば香港で車を購入する場合、メルセデス・ベンツの流動性が一番高いのです。高級住宅街や高級マンションの駐車場、欧米ブランドが入居する一等地の駐車場は、約八〇パーセントがメルセデス・ベンツで占められています。ベンツに対してポルシェやBMWは流動性が低く、中古車市場でもベンツより通常一割から三割程度安く取引されています。

大きな資金を動かす以上、華僑投資家は、流動性の高さをまず考えるためこのような現象が表れます。

売れない資産を保有することは、損をする可能性も保有するということです。株式の場合は、出来高である流動性をまず考慮することはいうまでもありません。

たとえば香港での政府主催の不動産公有地売り出しで、それが超一等地なら必ずオークションで最後まで競《せ》り合うのは華僑富豪同士です。

こういうことを学んでから、思い出すことがありました。それはタム氏が証券マンだった私と一緒に長い時間を過ごしながら、ずっと小型株や新興企業の株式を一度も買わなかったことです。

投資とギャンブル

今マカオでは中国で唯一ギャンブルが公認されていることもあり、数年前の規制緩和以来、年間二〇〇〇万人近い中国国内からの旅行者が訪れています。

よく投資とギャンブルを同種の行為として論じられることがありますが、華僑投資家と呼ばれる人たちは、一様にギャンブルと経済行為とを完全に切り離しています。

マカオで一代財産を築き「カジノ王」といわれる大富豪、スタンレー・ホー氏と、そのご子息でカジノ経営を一手に担うローレンス・ホー氏も雑誌の対談のなかで、自らはギャンブルはやらないと言っています。

前述のコン氏のところで述べましたが、経済的合理性の追求とは、言いかえれば感情を抑えた究極の合理性の追求ということになります。

「ギャンブルは感情？？」

ラスベガスに一人で出かけた、コン氏の言葉を思い出します。

「ギャンブルとは結果的に人間の本能の奥底に眠る感情の一種や本性の一部である」

経済的合理性を追求するには、感情を排することが条件であると前述しました。これに対してギャンブルを楽しむことは人間の性《さが》であり、感情を鼓舞する、第三の感情であると言います。

一方で、タム氏はこう話していました。

「ギャンブルは不確実性」

「投資は確実性の検証と判断力」

「双方の共通点は利益が出たときに多大な爽快感と達成感にひたる至福のときを迎えること」

「ただ、結果が出るまでのギャンブル特有のワクワク感は投資にはない。不安感はあってもこのワクワク感がない」

「ワクワク感とは人間の本能に近い感情で、感情に支配されている状況がギャンブルだ」

ギャンブルは本能に近い感情を伴う行為であり、投資は本能と感情を抑える経済行為と言えるでしょう。

株価を左右する四つの要因

いくつかの例で経済的合理性についてお話ししました。

この章の最初に書いたように、お金の動きは、複雑に見えて実にシンプルなのです。

たとえば株式市場を左右するのは、実は次の四つの要因しかありません。

①企業が翌年に稼ぐ利益
②日本銀行が決める金利
③需給（需要と供給）
④市場心理（人間の心理）

このうち三つ以上に○がつけば株価は上昇し、ふたつであまり値動きのないボックス状態となり、○がひとつ以下になると下落するといった、非常にシンプルなものです。

詳しく見ていきましょう。

①企業が翌年に稼ぐ利益（前年よりも利益が上がるのならば○、下がっていれば×）

難しく言うと、財務諸表の中の損益計算書です。

株価は、企業の稼ぐ利益が来年以降どれだけ変化するかが大きく影響します。本業でいくら利益が伸びていくかが重要。損益計算書だけを見てもいいくらいです。

会社の持つ資産（土地や現金など）からみて割安であるとか言われますが、上昇相場のピーク時には必ずといっていいほど、この会社の「資産」が株価を動かす材料とされます。

会社の稼ぐ利益を数字で表す損益計算書を集中的に勉強すれば、投資の成功率は高まります。また、この数字は絶対ウソをつきません。

後述しますが、ある企業が一定期間稼ぐ利益を、今年から数えて三年先を検証することで大きな利益を手にするチャンスにめぐり合えます。

②金利（低金利が続き、大きく上昇しないときは○、上昇傾向が続くなら×）

金利は基本的に各国の中央銀行が決めます。

日本では日本銀行（福井総裁を入れた政策委員）、アメリカは連邦準備銀行（ＦＲＢ）（バーナンキ議長を含めた理事会）が中央銀行です。

金利は私たちを取り巻くモノの価格、消費者物価や住宅の価格などを考慮して決定されますが、証券会社のアナリストなどが半年ごとの見通しを出していますので、これらを注意深く見て情報を取れば判断できます。

③需給（需要が多ければ○、供給が多ければ×）

需要と供給の関係がすべての値段を決めると言っても過言ではありません。先ほどの①と②が株価の動機づけであるなら、需給はその結果起こる行動です。

つまりまったく勉強しないのであれば、この需給だけを見て投資する方法もあります。

大きな資金が買いに入ると株価は必ず上がります。公的年金や海外の年金資金など、大口の資金を動かす機関投資家が資金を投入する市場は価格が上昇します。

市場規模が比較的小さく、先進国から資金が流入する新興国などはこのいい例です。

④市場心理（強気であれば○、弱気であれば×）

市場心理は、株価の動きを増幅させるものです。

株価が下がりすぎてパニックになると、人は狼狽《ろうばい》し目をつぶって投げ売りします。逆に株価が上昇を続けますと、取り残されたような疎外感から、高くなった株価を熱狂的な盲信のもとに買ってしまいます。

市場参加者の多くが冷静さを失い、感情的でパニックになる状況が株価を左右すると言えるでしょう。

ただ、上がったものは必ず下がり、下がったものは必ず上がります。

一目《いちもく》均衡表というおもしろいチャート（株価グラフを一定の鉄則に基づいて描いたもの）などで解析できます。

どの国の株の世界も、さまざまな言説があってにぎやかです。

たとえば評論家が「これからも株価が上がる」と言ったり、ニュースで「インターネットで株取引をしている人が五〇〇万人を超えました」と報じたり、「日経平均株価が……」「NYダウが……」という報道が止まることはありません。

「為替が……」「政治が……」「地震が……」「ガソリン価格が」「戦争が」、何万という情報が私たちのまわりを取り巻きます。

けれども実はこういった話に流されず、冷静にさっきあげた四つの要因だけを考えていけば、株式市場を読み間違えることはありません。

大切なのは、情報と感情に流されることなく、「経済的合理性」の要因を探りながら的確に判断することです。

鉄則② お互いに儲ける

人脈の大切さはどんなビジネス書でも強調しています。このことに間違いはありません。しかし人脈の大切さを説く本の多くは、「斬新なビジネスのアイディアが生まれる」とか、「人間の幅を広げる」とかいうことがその理由なのではないでしょうか。けれどもそれだけではありません。

「人の集まるところにお金は集まる」

という鉄則があるからです。
これは私が華僑投資家たちとの付き合いから学んだなかでも、もっとも重要なことのひとつです。
では、華僑投資家たちにとっての人脈の大切さ、彼らが何のために他人と付き合うかを物語るエピソードをお話ししましょう。

儲けを分け合う人間関係

この本に何度も登場するタム氏は、私の知り合った華僑投資家のなかでも、もっとも多くのことを教えてくれた人物の一人です。

タム氏と親密になったきっかけは、実は日本株ではなく為替についての意見を求められたことに始まります。

私がまだ岡三証券の香港法人で日本株のセールスを担当する証券マンだったころの話ですが、香港市場の香港株・中国株に投資していたタム氏は、なかなか日本株への投資をしようとはしませんでした。

何度通っても、

「日本株は香港の市場より魅力的ではない」

の一点張りです。

一年ほどたったある日、ふと、これからの為替のことで話がありました。

「日本株は興味ないが、日本円のほうが値上がりしそうだと思わないか?」

「私の資産もすべて円です」

香港に住んでいるとはいえ、日本人の私が資産を円で持つのは当たり前です。

ニヤリと笑ったのかどうか、おもむろに私の目の前で注文を始めました。

「一二七円三〇銭で一〇〇万、一二八円ちょうどで一〇〇万、一二八円五〇銭で二〇〇万、一二八円八〇銭で五〇〇万」

せわしなく携帯電話から注文を出しはじめました。

一〇〇万とは一〇〇万USドルですから、日本円では約一億二〇〇〇万円に値します。

このほんの二分の間に約一〇億円相当の注文が出されました。

後日、タム氏から一万香港ドル（約一四万円）のキャッシュを差し出されました。

「生まれて初めて為替取引をやった。縁起を担いで、この儲けの一部をおまえに進呈しよう」

第1章でも、コン氏が儲かったからといってお金をくださったことをお話ししました。

タム氏もまったく同じことをしようとしたわけです。

それまでの華僑投資家とのやりとりから、このお金は今後もよい情報を得るためのお礼であることはわかっていました。

「俺は日本株投資には魅力は感じないが、おまえの姿勢は好きだ。この小さなお金はこれからの俺とおまえの利益のシナジー（相乗効果）を出すためにわたすものだ」

と去りぎわに言い放ちました。これが華僑投資家たちの金銭感覚を含めた人間関係の構築方法だということを知らされます。

お互いにメリットを与え合い、信頼をし合う。

こうしたお互いに儲けを得られる関係こそが、華僑投資家にとって一番のパートナーシップなのです。

このときタム氏は、

「日本株はあまりわからん。おまえはなぜ香港株をもっと勉強しないのだ」

と怪訝《けげん》な顔をしていました。

日本株での手数料のみを評価する会社の体制が原因だと言うのが恥ずかしくなるほど、私の考え方にも変化が出てきていました。

そのときの一万香港ドルは今でも手元に残っています。

一度信頼したら徹底的に付き合う

華僑投資家たちは、一度信頼した人とは家族ぐるみで徹底的に付き合います。

私自身、いつの間にか毎週土曜日は、朝九時にタム氏から電話がきて一緒に飲茶をするのが習慣になっていました。

そして一九九四年三月、私の運命を左右する東京本社への転勤辞令が発令されます。七年間香港にいて、現地の富豪と呼ばれる人たちの生活や考え方を垣間見ることができ、ようやくこれからというときでした。

経済的合理性を追求するなら、私はこの転勤辞令に背くべきです。

このまま香港に残って、自分が今まで築いた人生を華僑の人たちのように実践すべきだ。ここに骨をうずめるべきだ。

頭では理解できていても、それを行動に移すことができない葛藤の日々。毎晩のように同僚や同業者同士のお別れパーティーが続きました。

それまでに叱ることしかなかった上司も一転、優しくなり、まさか私が退職を考えているなど夢にも思っていなかったようです。

結局、お別れパーティーの三次会が終わった後、真夜中の誰もいない真っ暗なオフィスから、私はタム氏に電話をかけていました。

新規開拓で苦労したこのオフィス。ホートン氏のアポイントメントで飛び跳ねて喜んだこの机。

真っ暗なオフィスでさまざまな出来事を思い出していくうち、無意識にタム氏の家に電話をかけていたのです。

七年間の手あかでよごれたオフィスの受話器からタム氏の声を聞くと、一気に涙があふれてきました。

このときは経済的合理性ではなく、ただ本心で泣きながら訴えました。

「香港に残りたい!」

「日本に帰りたくない!」

そして、

「あなたのようにお金持ちになりたい!」

するとタム氏は、こう言いました。

「徹底的に香港株を勉強しろ」

それから、

「俺のためになる香港株の情報とアイディアを創出しろ」

「そうでなければ、香港に残るな！　日本へ帰れ！　結末は当然のごとく貧乏のままだ！」

「おまえが儲けることが、俺が儲かることの前提条件だ。そして、俺が儲けることでおまえが儲かることも絶対条件だ」

タム氏はこう続けました。

「わかるか？」


「日本人だから日本株」

今まで、当たり前だと思い込んでいた日本株営業が、実はまったく経済的合理性を追求していないことだったことを悟ります。

そして、

「この人を徹底的に信頼して徹底的に儲けさせるよう、寝る間も惜しんで働こう」

そう心に誓いました。


現在、私は中国株専門のネット証券会社を経営し、日本で初めてマカオやベトナムに投資する金融商品をつくっていますが、その発想には、これらの体験が生きています。

不労所得によって投資家を徹底的に儲けさせることを第一の優先順位におくことが、結局自分に一番跳ね返ってくる私の就労所得、私の仕事なのだと。

この後、私は香港証券市場の売買代金の三パーセント程度を毎日動かし、一五〇〇億円もの資産を運用する証券マンとなりました。それから証券会社の経営に転じたことは後述します。

付き合う人物を選ぶ三つの基準

私の人生に決定的な影響を与えた類《たぐい》まれな華僑の大投資家タム氏とは、しばしば一緒に旅行もしました。熱海温泉に行ったことや、富士山に登ったこともあります。

限られた人としか接しないと言われる華僑投資家第一世代のタム氏が、なぜ日本人の私をこれほどよく指導してくれたのでしょう。

当時香港証券取引所の売買代金の四〜五パーセントを自ら取引していた大物投資家であり、大口トレーダー（大口資金で短期売買を繰り返す）であったタム氏が、その売買代金のおそらく三分の二程度を私が所属する証券会社に発注を出してくれていました。

地場の証券会社であるビッカーズ・バラス証券の女性副社長からは、

「あなたの営業成績の秘密はなんなの？」

とよく問われました。

私自身も一生懸命営業努力はしているものの、明確な理由はわかっていませんでした。

タム氏のディーリンググルームで、証券会社一六社の直通ラインを指差しながら、

「何を基準にビジネスパートナーやブローカー（証券会社など金融取引を発注する業者全般）を選ぶのですか？」

と率直に聞いたことがありました。するとタム氏はニコリとしながら、

「ハードワーク、インテリジェンス、トラストワーシィ・ピープルが基本だ」

と答えます。

つまり、よく働いていて、創造的知識にとみ、裏切らない（短期利益を追求しない）。

これは華僑第一世代、第二世代に共通する、「人を選ぶ基準」でした。

自分の輪のなかに入れる者とは徹底的に付き合う。

そしてもし基準をクリアした相手が金融マンなら、自分のプライベートバンカー的存在

として、いつでもそばに置きたがる論理です。

華僑の富豪たちにはこんなスペシャリストが各分野にいて、彼らの間ではこういった人間関係が常識になっています。

つまり信頼できる人物とは徹底的に付き合い、お互いに儲けるというのが華僑投資家たちの発想なのです。

人脈にも当てはまる「クリティカル・マスの鉄則」

「クリティカル・マスの鉄則」とは、「ある一定の段階に達すると、そこからは急激に成長する」という鉄則です。

お金はもちろん、中学生や高校生のころ、英単語や数式をある一定の数覚えたころから、急に覚えられる数が増える経験をした人も多いでしょう。また、携帯電話の販売台数など、ビジネスもある一定の数字を超えたところから急激に増えていくことが実証されています。

このクリティカル・マスの鉄則は、人間、つまり人脈にも当てはまります。

私がこのことを実感したのは、華僑投資家や大金持ちの華僑富豪、財閥の二世、上場企業のオーナーたち、香港の有名タレント、ジャッキー・チェンに代表される香港俳優、カリスマデザイナーなど、多くの人脈が急に増えはじめたからでした。岡三証券のサラリーマン時代には、苦労をしてもなかなか取れなかったアポイントメントがウソのようです。ビッカーズ・バラス証券に転じたころから、香港の証券市場の株式売買に特化することで、より多くの資産家といわれる層の人々と知り合いになれました。

こういう人たちと付き合うようになってからは無意識のうちに、考え方や行動規範がその人たちの世界の基準に近くなっていくのでしょう。

華やかな社交パーティー、プライベートビーチでの屋敷のオークション、大型のクルーザー内で開かれる密教にも似た儀式的な誓いや、高級レストランを借りきって高級シャンパンの一気飲み大会。こういった催しを通して、私は人脈をどんどん広げていきました。あれほど通っていたフィリピンパブをピタリとやめてしまったのもこのころです。

当時の私は、アシスタントを数名抱えても売買注文がさばけないほど忙しい毎日が続いていました。

「大老賓に続け」

華僑投資家たちが自分の目にかなった人脈を大事にすることは、彼らが口にするこんな言葉からもよくわかります。

タム氏などのところへは数多くの証券マンが著名なアナリストをひきつれてアポイントメントを取ってきますが、私は証券マンというだけでよく同席させられました。

氏はいつもこう言います。

「私はアナリストじゃないし、その方面の専門家でもない。だから、もっとわかりやすく話をしてくれ」

そして、アナリストに向かって、

「おまえが自分の金で買っている銘柄を教えてくれ」

と話をしているのを横で聞いて驚いたことが何度もありました。

技術が高度化し、社会の構造が複雑化した現在、一人の人間がすべての分野について知り尽くすということはほぼ不可能に近いでしょう。だからこそ華僑投資家たちは、特定の分野に詳しい人間を人脈として周囲に持っています。

特に、投資に関しては徹底的に人脈にこだわります。

華僑には、「大老賽《だいろうさい》に続け」ということわざがあります。

「大老賽」とは「トップを走るボス」という意味。トップを走る人にはいい情報が集まる、だからその人に続いて走っていれば大丈夫だという考え方です。

華僑投資家にとっての大老賽とは、たとえば香港一の資産家、長江財閥のリー・カーシン氏です。

リー・カーシン氏は、香港、いや、アジア最大の華僑財閥の長で、中国潮州地方から香港にわたり、一代で巨大財閥を築いた伝説の人物。香港において、アジアの港湾事業、インフラ、電力からスーパーマーケットと、あらゆる分野でトップです。

本業は言うまでもなく不労所得である不動産開発、不動産投資事業。タム氏が初対面の日、私に三菱地所と比較させた不動産会社の長江実業のオーナー社長です。

これだけの影響力のある人ですから、華僑投資家は彼の投資先をいつもチェックしています。そして、この大物投資家が中国本土のホテルに投資している情報を聞きつけると、華僑投資家たちもすぐそれに続いて、リー氏とともにほかの華僑投資家たちも必然的に大きな利益を得、またリー氏の利益もそのおかげで最大化します。

リー氏と華僑投資家の関係。これは無言のシナジー（相乗効果）であると言えます。

資産づくりにはメンターを活用する

鉄則5で詳しく述べますが、華僑投資家は一極集中投資が基本です。

これだと思ったものに、集中して投資をするのです。

ただしくれぐれも言っておきますが、徹底的に調査、検証・仮説を繰り返したあと、確率の高いもののみに対して投資を行います。

そのため、彼らはつねにメンターを持っています。

ここでいうメンターとは「心のよりどころ」という意味ではなく、「心から信頼するその世界の専門家」という意味です。

華僑の大金持ちは一人のメンターをお互い紹介し共有することで、メンターをチェックし合い、監視し合います。これも彼らのひとつの手段でしょう。

大事なのは「華僑は一度相手のふところに入ると次々に顧客を紹介してくれる」などという、感情だけの判断で関係を続けているとは決して思わないことです。

彼らにとってメンターとは、単なる感情としての「友人」ではありません。自分の投資を成功に導く、つまりお金を集めてくれる人間がメンターなのであり、だからこそ信頼もするのです。

華僑投資家たちにとってメンターは、資産づくりのために欠かせない存在なのです。

人脈は知識であり、知識は人脈を呼ぶ

メンターの話をしましたが、よく、

お金の集まるところには人が集まる、
また人の集まるところにはお金が集まる

と言います。

そして、この「人」のことを華僑投資家はメンターと呼ぶわけです。

よいメンターの条件は三年先の仮説を立てることです。そして華僑投資家はお互いにこ

のメンターを検証し合います。

同時にメンター自身も、自分のメンターを持つようになり、やがて富豪へとのし上がります。要するに単なる「知り合いの人脈」ではなく、「メンターとなれるような人脈」をいかに持つか。そして自分自身もつねに誰かのメンターになることが肝心です。

よいメンターとは彼自身に選別力がある人。就労所得（いわゆる今の仕事）に関連するあらゆる事柄を深く勉強している人です。

説明はシンプル&シャープが絶対条件

メンターには絶対的な条件があります。

タム氏の著名なアナリストへの発言にあったような、「単純（シンプル）で明快（シャープ）」に表現する技術です。言いかえれば、自分の専門分野への深い造詣《ぞうけい》と、それをわかりやすく説明する技術でしょう。

かなり優秀な人間で、努力家であり頭も切れる、しかしうだつがあがらない人が存在しますが、このタイプは、知識を「認識させる」技能に難点がある人です。

私は、相手に伝わらなければ話さないほうがましだと思っています。相手にわかりやすく説明できるかどうかは、いかに自分が物事を理解しているかどうかで決まります。

自分の専門分野を誰よりも深く追求することが、お金持ちへの扉の第一歩です。

そして、自分の知識をいかに単純明快に説明することができるかどうかが、人生の岐路で大きな差となります。

自分で勉強することより、相手に自分の考えを正確に伝えるということのほうが実は難しいのです。よい人脈とお金に出会うには、自分の専門性を磨き、適切な誰かにメッセージを伝える必要があります。

専門分野の知識に優れているが、表現力に乏しい人。それはほとんどの人生のチャンスを逃していると言えるでしょう。

私が香港で華僑投資家の資産運用と証券営業をしていたとき、もっとも時間とお金をかけたのが、このどう説明するか、いかに表現するかでした。

たとえば、現在私の会社では、議論をするときに英語の表現を使わないようスタッフに求めています。

日本人が会話のなかで英語表現を使うと相手に伝わらないばかりか、なんとなくかっこよく心地いい響きにとらわれて、意思疎通の道具としての言葉が機能しません。さらにはそのことに無関心になる、一種の麻薬のような悪影響さえあります。

仮に英語をまじえてこれを言うと、

「ファクトをアレンジしてしまうので、イメージアップする代わりにフィクションが伝わることになる」

何を言っているのかわからないわりに、何となくかっこいいような気がしませんか。日本人である私たちが、英語を会話のなかに入れることは決していいとは思いません。華僑でも日本人でも意思疎通では、何より単純明快に説明することが絶対条件です。

本業にも並々ならぬ情熱を注ぐ

前述したように華僑投資家は、単なる感情的な連帯感や人間的な交流の幅を広げるための付き合いは極力避けます。資産づくりのために欠かせない「人材」を積極的に人脈として増やしていくことを意識するのです。

私が華僑投資家たちと付き合ってこられたのも、私の株式投資に関する考え方と、それをわかりやすく説明する努力を彼らが認めてくれたからだと思っています。

つまりは、サラリーマンである限りは今の自分の仕事を極めることから始めることが重要なのです。当たり前かもしれませんが、まず、そうでなければお金は儲かりません。

ここまで読まれた読者の方々の中で、この「自分の仕事を極める」ということにがっかりする人もいるだろうと思いますが、仕事を極めないで不労所得で財を成すことはまずありえません。

正業を持たない、もしくは一所懸命自分の仕事に精を出さない人は、不労所得の膨大な情報を整理することもできないでしょうし、よき助言者であるメンターもよりつきません。

お金持ちになるには不労所得が必要です。

鉄則2ではその不労所得を得るために、華僑投資家たちが人脈を必要としていることについて語りました。

そしていい人脈をつかむためには、あなた自身の仕事を極めることが欠かせないのです。

「仕事→人脈→不労所得」という流れが、資産を築くための王道と言っていいでしょう。

鉄則③ お金に感情をはさまない

「お金儲け」と「感情」。

このふたつは密接な関係があります。

表と裏、太陽と月。

それぞれが役割を持ちながらも、決して交わることのない関係。

「お金儲け」と「感情」について、ひとつの項目を掲げたのは、日本人と華僑投資家のお金に対する感情があまりにも違うため、そこを説明したほうが彼らの投資に対する考え方について伝えやすいと思ったのです。

簡単に言うと次の二点になります。


「感情はお金儲けの妨げとなる」

「よくない感情をコントロールするのは正しい知識だけである」

これについて、日本人の私はずいぶん悩みました。

華僑投資家の考え方のなかで、私自身がもっともなじむのに時間のかかったものです。それだけ私は感情とお金とを共有しながら生きてきたということなのでしょう。

第1章で書いた、ホートン氏とのブレックファスト・ミーティングに出るために私が振りきった日本の証券会社の〝朝の儀式〟。これなどは、感情というか、精神生活のスタイルとして現れた典型と言えるでしょう。

何の役にも立たない、けれどもそうすることは会社意識を芽生えさせ、自分たちにとっていいことに思えるから、なかなかやめられない……。

けれども華僑投資家たちの考えに触れ、そういった「感情」や精神論から距離をおいてみられるようになると、それが何の意味も持たないというよりも、少なくとも投資という目的のもとでは妨げになるということがよくわかりました。

ただそういった行動は、社会の連帯感を鼓舞することによって、企業の一体感を強めたり、個人の生産性を上げる動機付けになったりするのは確かです。

しかしここで整理したいのは、人間の連帯感を語ると、決してお金の話がうまくかみ合わないということです。お金は、個人の所有物で、その多い少ないを個人がそれぞれの判断のもとで増やそうとしたり、使ったりするからです。

お金＝個人

社会連帯感＝感情の交差

お金のやりとりに感情を込める日本的なやり方が、不思議と華僑投資家にはありません。国家を持たない華僑と、愛国心や地方・地域の連帯感を重んじる日本人との間に決定的な違いがあるのは事実です。

華僑たちは私たちと異なり、年金や保険もなければ、社会福祉制度も皆無に等しい。老後の心配はつねにお金を持たなければならないという強迫観念にも似た不安があると言えます。

ビジネスに極力感情を入れない。連帯感を感じさせない個人企業やオーナー企業。それが華僑富豪や投資家たちの典型的な企業形態です。

華僑ではありませんが、長年取引していた工場を切り捨てて、会社の看板であった座間工場を閉鎖し、大胆なコストカットをして初めて日産は再生しました。

日本人社長では、古くからの取引先を切り捨てることはできなかったでしょう。それが文化の差だと思います。

ですがこの感情は、ひとまずはお金儲けの妨げになることが多い。華僑投資家と長く付き合った私は、今のところそう思っています。

これは私たち日本人にとっては非常に克服しがたい問題であることは間違いありません。ただ時代の流れやインターネットの社会への浸透で、このドライな考え方に向くような社会に一歩進んだのは間違いなさそうです。

近年、インターネットの社会への浸透は、この個人主義を後押ししているのは間違いありません。一方で、インターネットでの不労所得（株式や不動産での投資利益）を生業とする人は、今後は社会貢献というテーマに経営資源を振り向けなければならない時代に来ているようにも感じます。

そして、感情をお金に入れはじめるとお金は非常に怖いものに変化します。

感情に左右された状況でお金がない状態が続くと、「お金がほしいなあ」といつも考えるようになります。がんばって働いて少したまり、余裕ができはじめるとさらにもっとほしくなります。

そしてお金がたまればたまるほど、嫉妬心や虚栄心、お金がなくなることの恐怖心が大きくなる悪循環を引き起こします。

いわゆる、お金があって不幸な人とお金がなくて幸せな人の境が見えなくなる魔法の力が生まれてくるのです。

お金があれば幸福になれると思って、私たちはがんばります。

しかし実際にお金ができてみると、不幸になってしまうことも少なくない。ここにお金の不思議さがあります。

つまり、お金のほうが感情に影響を与えるわけですね。

この場合、感情はお金を儲けることへの妨げになるし、お金は感情に影響を与えやすい。

お金と感情は切っても切れない関係にあります。

そして、この感情をコントロールすること、もしくは切ることからお金を儲けることへの第一歩が始まるのです。

感情をもって投資のリスクに直面したとき、私たちは決定的な失敗を犯します。

経験したことのないリスクに出会ったとき、感情に流されていてはあっという間に悪い状況のなかに飲み込まれてしまいます。

リスクに対応できる正しい知識と、それを貫く前向きな考え方。華僑富豪と呼ばれる人はつねに物事を肯定的に、つまり「Positive Thinking」で考えます。それがあってこそ、危機に対応、つまりはお金が儲かり出すのです。

値段をたたくのではなく、感情をたたいて買う

これまでに何度も登場してもらった華僑投資家タム氏。

私も独立してからは、タム氏とビジネスを続けていると「いつか食われてしまうのではないか」と思うことが起こりました。

タム氏と私ははたから見ても、また当人同士も、非常に友好的な関係だと思っています。しかし、手数料のディスカウントを申し入れてくるときのタム氏の言動は、中途半端なものではありません。そのため月間売買代金が一〇〇〇億円を超えたにもかかわらず、手数料がごくわずかだったということもありました。

「これではとてもビジネスにならない」

と泣きを入れました。コスト下げも限界に近づいていたので、それ以上の手数料の割引

に即答しないでいると、

「それならすべてを引き上げる」

タム氏のこの一言が返ってきました。彼は粘りに粘って、そして乾いたタオルを絞るような徹底的なコスト削減を私に余儀なくさせます。

私が香港の証券会社を買収して香港の事務所の移転計画を練っているとき、タム氏は盛んに、「自分のビルに入れ」とすすめたものでした。

親切心からということもあるのでしょうが、いかんせん家賃が割高だったのです。そのうえ内装工事のディスカウントも、タム氏が相手では勝てる見込みはありません。

タム氏には入居を何度も誘われましたが、なんとか口実をつけて断り、家賃も内装工事費用もとことんまで安くできるビルに格安の家賃で入居しました。

皮肉ですが、これもタム氏の教えを実践できたからにほかなりません。

「お金の交渉をするときには、まず冗談のような安い値段を言ってみることだ。言うだけならタダだからな。ダメなら、そこからちょっとずつ上げていけば済むことだ」

これはタム氏の口癖でした。

「お金のやりとりに、感情を込めない」

そして、

「相手を人間と思うな！　感情をたたけ！　数字の印刷されたPaper（紙）だと思って交渉しろ」

と……。

彼らがふだんから実践している、きわめて通常の考え方と言えるでしょう。

借金の申し出は断る

ビッカーズ・バラス証券時代、タム氏に借金の申し込みをしようかと考えたことがあります。

当時住んでいた建物の隣のビルが解体され、新たに分譲マンションを建設することになったのです。興味を持った私はモデルルームを見たとたん、この二〇〇〇万香港ドル（約三億円）のマンションがほしくなりました。

このころから盛んに、タム氏など華僑投資家から不労所得としての不動産投資の有意性を聞かされていた私は、このマンションを買うこととタム氏から借金をすることが同じ行為のような、今思えば甘い考えを持っていました。

岡三証券を退社し、外資系証券会社に歩合制で営業を始めたといえども、当時の私の収入はまだ億ションを買えるにはいたりません。しかし何百億円もの株式売買を取り次いでいた当時、次第にお金に対する感覚が麻痺してきていました。まして華僑富豪の生活や、有り余る贅を尽くした日常を見ていますと、自分もそうなったかのような錯覚におちいります。

そのとき、不動産開発と不動産投資を生業に持つタム氏に頼めば貸してくれるかもしれない、そんな甘い考えが頭をよぎりました。

結局、自分のしようとしたことが身分不相応だったと悟ったこともあり、言い出せませんでしたが、借金を申し込まなくてよかったと私に心から思わせる出来事が起こりました。

それは長年タム氏の右腕だった従業員がある日、自分の車を購入するためにタム氏に借金を申し込んだ、という話です。

それからはタム氏のその従業員に対する態度が明らかに変わりました。それまでの部下に対する信頼と部下を尊重する態度から、少し変化が見て取れます。十数年の関係にもかかわらず、数年後にはその従業員は解雇されています。

「借金は担保を出して銀行から借りるものだ。俺は従業員から高い金利で稼ぐつもりはないし、金は特殊な事情がない限り絶対に銀行から借りるものだ」

華僑投資家は、自分の血族以外に簡単にお金を貸すことなどありません。どんなにいい人間関係であっても、ことお金となると話は別なのです。

タム氏は自身の運転するロールスロイスのなかで、助手席の私にポツリと言いました。

「金銭契約に違反することと、担保のない借金をするやつは信用してはいけない」

彼らとの付き合いを通してお金のやりとりを覚えた私は、命びろいした感じでした。

一時の甘えた感情からの安易な借金は、人生そのものにおいて致命的なミスにさえなるのでしょう。

通貨危機も経済的合理性で乗り切る

ここまでのタム氏のエピソードは、彼らの経済的合理性がいかに感情に流されず、ブレのないものかを物語るものでした。

次は彼らの経済的合理性に基づいた肯定的発想が、アジア経済危機という状況で財産を守るのにいかに役立ったかについてお話ししたいと思います。

いわゆる「アジア経済危機」は一九九七年、香港が返還後のバブル景気に舞い上がっていたときにアジア全体を襲いました。私も香港の証券マンとして、嵐のようだったその危機を体験したのです。

当時、六月にタイで起きた金融危機が、やがてはアジア全体に広がるのではないかという懸念も出ていました。しかし香港は米ドルとのペッグ(連動)制を採用しているために、タイのような通貨危機は起こらないと信じている人も少なくなかったのです。

このころ、一九八六年には二八〇〇ポイントだったハンセン指数が、一六〇〇〇ポイントになっていました。今思い起こせば、完全なバブルの状況です。

しかし日本のバブル同様にこれからも上がりつづけるだろうという甘い夢、幸福そうな感情に身をゆだねて現実を見なかった人が、香港の投資家にも少なくありませんでした。

突然、この年の九月、タム氏は、ある日大量の売り注文を立て続けに出してきました。どうやらすべての持ち株を売却しているようでした。

香港最大の投資家タム氏の集中的な売りです。もちろんその日の香港証券市場は総崩れでした。

嵐のような一日が終わったその日の夕方、氏から電話がありました。

「ここ数日間で持っている株をすべてキャッシュにする」

タイに始まった通貨危機は隣国のマレーシアまで波及していました。

このときに株を売ってキャッシュにしたのは、タム氏だけではありませんでした。

やはり香港有数の他の大口投資家だった数人もタム氏の動きを見て、ポートフォリオをすべてキャッシュに変えました。


しかしもちろん、香港の富豪全員が同じことをしたわけではありません。

それまで十分に甘い夢を見させてくれた株をすべて売ってしまうという極端な判断は、そうそうできるものではないでしょう。しかも香港株の売買通貨である香港ドルは、世界の通貨である米ドルとのペッグ（連動）制という安全弁があったため、通貨危機は押し寄せてこないという考えを持つ富豪もたくさんいました。

けれども信じられていた香港ドルとアメリカドルとの固定性は維持されたものの、香港ドル防衛のために金利を大幅に引き上げた結果、香港経済は大きな副作用で揺さぶられました。高金利から起こる不動産、続く株式の暴落という形で結末を迎えます。

香港空前の大暴落は、タム氏がポートフォリオをキャッシュにした三週間後から始まります。それまでこの世の春を謳歌《おうか》していた華僑二世にも、このときほとんどすべてを失い、その後は行方が知れない人が少なくありません。

この危機で生き延びられた人と、何もかもなくしてしまった人との違いはどこにあるでしょう。

タム氏がそうだったように、危機的状況でも経済的合理性をもって行動したこと、そして損失を覚悟してまでも自分の感情を抑えて果敢にポートフォリオの株式を売り切ったこと。

このふたつが大きな違いだったと私は思います。

なぜその株は上がるのか、すべてを検証する

人が判断を誤るのは多くの場合、自らの感情にほだされたときです。

そしてそれは私たち人間の行動がいかに感情に左右されているかを物語っていますが、私たちが「うれしいな」とか「いい気分だな」とか「幸せだな」とかの〝いい感情〟を求めて生きている以上、それは仕方のないことと言えるかもしれません。

しかし、だからこそ私が香港の華僑投資家たちから学んだ、「お金に感情をはさまない」という鉄則が意味を持ちます。

よく考えると当たり前のことですが、お金を得るための決定に感情の入る余地はまったくありません。そこには数字と計算、お金を取り巻く状況があるのみです。

たとえば株で儲かったとき、たまたま買った株が上がったという考えは、非常に危険です。「たまたま」ではなく、ある「必然性」があったからその株は上がったのです。

そのために華僑投資家たちは、現地を見て、工場を見て、財務諸表を詳細に見て、アナリストレポートを取り寄せ、それらを徹底的に分析し、肯定的見解も否定的見解もすべて

検証することを怠りません。

鉄則2でメンターの話をしましたが、信頼できるメンターがいたとしても、一時の感情にまかせて資産を完全に他人にゆだねてしまうことはないのです。

この章の最初に書いたように、お金と感情は切っても切れない関係にあります。感情はお金儲けに影響を与えるし、お金の多い少ないは感情を大きく動かします。

けれども実際にお金は、人間の感情とは別のものを原因として動いています。

私も華僑投資家たちと付き合いだしたころは、彼らの感情の扱い方にずいぶん驚かされたものです。そのころは私も、そういった感情に基づいてすべてを考えていました。

けれども香港で、「感情に流されてはお金は儲からない」ということが真理だと知ったときから、すべては大きく変わり出しました。

お金に「よい金」「よくない金」はない

もうひとつ、「お金儲け」と「感情」について、触れておきたいことがあります。

とくに私たち日本人は、「汗水たらして働いて得たお金は『きれいな金』、そうでないお金は『きたない金』という考えが根強く残っています。

そのため資産運用というと、いい印象を持っていない人が日本にはたくさんいます。資産運用で得たお金は、〝尊い〟労働の対価ではないから、つまり苦労して貯めたお金ではないから、「よくない」という考えを持っている人が多いのではないでしょうか。

香港の華僑投資家たちと付き合うなかで私が学んだことは、「お金はお金、お金によいもよくないもない」ということです。


学生時代の私は、大阪・北新地の近くにある焼き鳥屋でのバイトに追われていました。貧乏長屋の三男坊であったため、生活費を自ら稼がなければならなかったのです。

当初の約束では週三回の皿洗いだったのですが、焼き鳥を焼く職人がサラ金に追われて蒸発したため、包丁など握ったこともない私が職人兼皿洗いとして、働かざるをえなくなりました。

店が開くのは夕方でしたが、料理の経験がない私は、仕込みにどうしても時間がかかってしまいます。初めのころは、ネギを一本みじん切りするのに一時間以上かかっていたものです。

大学の友人たちが、テニスだスキーだと遊んでいるときも、私はバイトです。授業が終わると店に直行し、自宅の最寄り駅にたどりつくのは夜中の一時。年中無休の店だったため、土日も盆も正月もなく、来る日も来る日も焼き鳥を焼き、お酒をつぎながらお客さんのグチを聞くという生活が、卒業まで続きました。

バイトを終えて最寄り駅に着くのが夜中の一時では開いている店すらありませんが、なぜか駅前の小さな古本屋だけは開いていました。それがきっかけで私は本をよく読むようになったのです。

日本マクドナルド元社長の故・藤田田《でん》さんが書いた『ユダヤの商法』という本に出会ったのもちょうどそのころです。その中に書かれていた、「お金に『きれいな金』『きたない金』はない」というフレーズに衝撃を受けたことを、今でもはっきり覚えています。

藤田さんは、汗水たらして働くことが悪いと言っているのではなく、それをふまえたうえで、働いて稼いだお金も、投資から得る不労所得も、お金の本質は変わらないといっていました。

この言葉は時給五八〇円で毎日毎日バイトをしていた私の胸に深くしみました。

しかしその言葉が、本当に何を意味するかはわかっていませんでした。ただ、お金を稼ぐことが悪いことではないということが、潜在意識のなかに植えつけられたのは間違いないように思います。

そして、そのことを実社会に出た私に実践で教えてくれたのが、香港で出会った華僑投資家たちでした。

現在の華僑の富豪たちも、最初は働いて働いてつくったタネ銭を運用して巨大な富を築いた人がほとんどです。私が彼らに出会えたのも、香港の証券マン時代にハードワークをした結果と考えています。

言いかえれば、ハードワークをして面会にこぎつけた相手は、自分がハードワークをされて見つけられたことを知っているからです。

どんな富豪も、お金に困った時期やハードワークに明け暮れた日々の経験を持っています。そのときの経験が潜在的な記憶にとどまり、ハードワークしているものに対して興味や共感がわいてきます。

そしてハードワークを経験した自分の本業について、彼らの誰もがそれにふさわしい誇りを持ち、同時に自分の資産運用についてもやはり十分な誇りを持って生きているのです。

華僑投資家たちとのエピソードから、お金持ちになるにはどんな心がまえを持つべきかについてお話ししました。

次の章からは、実践として、実際にどうやってお金を儲けるかについて書いていきます。

CHAPTER 3

第3章

巨万の富を築く華僑の投資術

鉄則④ 資産は不労所得で増やす

さて、ここからは実際にお金を儲けるための実践編です。

華僑投資家たちが使っている、お金を増やすための鉄則を、あなたの人生でどう生かせばいいかを考えていきます。

最初は「資産は不労所得で増やす」。資産づくりには欠かせない「不労所得」の話です。

将来の目標

香港で華僑投資家の開拓を始めたころから、私はすでに将来の目標をノートに書いていました。このノートは私の人生のバイブルです。

表紙に手書きで『Destination』と題した大学ノートで、私の仕事の記録と人生の目標を同時に記したものです。

香港で証券マンとしてスタートしたばかりのころには、次のような記述があります。

「岡三証券の社長になる」「手数料で一億円稼ぐ」

第1章で書いたように「ハードワークだが高収入」と「海外などの新天地で働きたい」という理由で岡三証券の国際部に配属された当時の私は、一社員としての人生、サラリーマンとしての成功しか考えていなかったということになります。

それが香港で華僑投資家たちと付き合ううちに、それ以外の可能性があり、しかもそれによって大きな資産を築くことができるということを知りました。

彼らの誰もが自分なりの方法で不労所得を得て、資産を増やしています。

私と同じ世代の華僑投資家には、親から莫大な財を受け継いだ二世世代も多いですが、その親の一世世代は、最初はそれぞれの仕事で得た就労所得をタネ銭にして、そこから大きな資産をつくりあげました。

もちろん、時代や場所の違いはあります。

けれども彼らがどうやってお金を儲けたかという過程を知ることは、あなたの将来の大きなヒントになるでしょう。

本章でこれから詳しく書こうと思いますが、お金の流れには時代や国に関係のない一定の鉄則があります。

スポーツやエンターテインメント、実業の分野で特別な才能でもない限り、就労所得だけで大きな資産を築くことはできません。ところが不労所得は、正しい鉄則を知って正しい方法で実践すれば、誰でも儲けられるものなのです。

では、就労所得から不労所得への切り替えを、まずは華僑投資家とサラリーマンであった私の例でお話ししましょう。

二三歳、五〇〇〇香港ドルでスタートしたタム氏

ここまで読んでいただいた方にはすっかりおなじみのタム氏。私の人生にもっとも大きな影響を与えた人物の一人ですが、彼も裸一貫からスタートして自分の力で現在の資産を築きました。

氏は最初、ユダヤ人が経営する貿易商で、メッセンジャーボーイとして働いていました。さまざまな商品を扱う会社の使い走りをしているうちに商売のやり方を覚え、少ない給料をこつこつ貯めて、いわゆるタネ銭をつくります。

目的もなく貯めるのではなく、独立することと、投資することを前提に貯めていく。タム氏は、社長のユダヤ人が株を買っているのを見て、こうやればいいんだと、最初は真似から入りました。

成功している人の真似をするというのは、いつの時代も最高の勉強法なのでしょう。

給料をためる一方で、自分の雇い主でもあるユダヤ人経営者の経営を学ぶことから始めたのです。そのユダヤ人経営者は、当時の香港とアメリカの間のモノの価格差に注目して輸出入で稼ぐ貿易商でした。タム氏はメッセンジャーボーイをしながら、その取引先や仕入先などの人脈や業界などへの足がかりを築いていきます。

氏が本当にハードワークだったのはこのころだそうです。

ユダヤ商人の感覚に地元の商習慣などを独自に取り入れ、工夫をしながらタム氏は五年後に独立します。独立するときの資本が、タネ銭を株に投資して得た不労所得であったことは言うまでもありません。

持ち前のハードワークが信用を増していき、ついには銀行から融資を受けることになります。ユダヤ人経営者が完成された製品の価格差をビジネスに利用していたことに対して、氏は物を作るメーカーから始めました。それを海外に販売することのほうが利益率が高いことを見抜いていたのです。

これは二〇年後にまったく同じビジネスモデルで、独自の販売網を日本に築いて大ブレークする「ユニクロ」と同じ。独自の販売網を築くのが困難な当時、日本のワコールの関係会社と契約を結ぶ方法を選びました。

それこそ私が最初にタム氏に会った、あの下着工場だったのです。

時代は、日本の女性にも高級下着にお金を使う余裕ができはじめたころ。日本メーカーの下請けをしていたタム氏の工場も軌道に乗り、それとともにタム氏の投資術も完成に向かいます。

つまり、工場という不動産が実は不労所得の礎《いしずえ》であることにすぐに気づいたわけです。当時三〇〇人いた従業員を働かせるより、隣接された工場団地を所有、経営するほうがはるかに利益率が高かったのです。

タム氏は不労所得の真髄を知ることになります。

不労所得は「社員何人当たりの利益」という感覚がない。言いかえれば、一人当たりの利益率が一〇〇パーセントになります。

話がそれますが、不労所得を得る資本家にサラリーマンはいません。自分の資産で株や不動産を購入するのに上司の指示を仰ぐ必要はないのです。

不労所得で資産を増やす人はすべて経営者。しかも個人経営です。

人生のどこでこのことに気づくかで、残りの人生の設計図が大きく変わります。

話をタム氏に戻しましょう。

工場を建てると、その土地を担保に融資を受けて不動産を買う。それで家賃収入を得て、今度はまた株を買う。こういったことを繰り返すうちに、資産を株式投資と不動産投資に集中することになります。

そしてさらなる効率性を追求すべく、すべての資産を集中させることになりました。企業の実績を徹底的に調べて、これと決めたら一極集中で投資していくという現在も変わらないタム氏のスタイルです。

タム氏は私がどんなにすすめても、彼のメガネにかなわない日本株に投資しなかったことは鉄則2で書きました。

その後、タム氏は株のほかにも、不動産、それから初めて私とやった為替などに投資の幅を広げました。しかし投資対象が変わっても、そのスタイルは同じです。

実際にタム氏は、一九九二年夏になると、何十億円もの年商があった工場をやめてしまいました。株や不動産の投資に集中するためです。

タム氏はそのとき、こう言いました。

「人を使ってやる商売は儲からない。何十億円もの年商があっても三〇〇人の従業員がいるから、利益は一六〇〇万円くらいにしかならない。利益を従業員一人当たりでみれば、効率が非常に悪い」

私が岡三証券の営業マンのときでした。タム氏は従業員三〇〇人をすべて解雇しました。九龍半島の工場地帯から香港島の一等地であるセントラル地区に移り、不動産投資・開発会社を始めます。

そこには当時で約八〇〇〇万円かけた最新鋭のディーリングルームが作られました。そして不動産事業は他のスタッフに任せ、まさに二四時間株式の運用に没頭します。

ランニングマシンから独自サウナまで完備、ウォーターベッドに二四時間放送のケーブルテレビ、まるで映画のなかの世界でした。

お金のためなら、お金に稼がせるのが一番効率がいいわけです。

営業マンとして資産をつくった私の場合

さて次は香港勤務の証券営業マンからスタートし、現在はユナイテッドワールド証券社長になった私の場合です。

もちろん証券会社のオーナーになった経緯には、幸運に助けられた面も多々ありました。しかしそれ以上に、営業マン時代に華僑投資家たちから学んだ方法が大きく役に立っていると思います。少々、私個人の話が長くなりますが、どうぞお付き合いください。

一九八八年に岡三証券の営業マンとして香港にわたった私は、何よりサラリーマンとしての成功を目指す普通の会社員。無我夢中でハードワークに専念していました。

そうするうちに華僑投資家たちに出会えました。そんなわけですから、このころのハードワークは私の人生にとって実に大きかったと思っています。

一九九四年、私は岡三証券を離れ、歩合制だったフランスの銀行傘下のクレスベール証券に移りました。

転職の大きな理由は、岡三証券から東京勤務の辞令を受けたことです。私は営業基盤のある香港でずっと働き、華僑投資家たちとの付き合いを続けたいと思いました。

このころすでに頭のなかにできはじめていた、漠然とした経済的合理性の追求のためには退職しか道はありません。

また、営業成績が収入に反映しない会社に見切りをつけたということもありました。香港でなら、巨額の運用をする華僑投資家を相手に、歩合制でどんどん稼げるわけですから。

退職と転職は新たなチャレンジですが、不安ながらも経済的合理性を追求する人生への舵《かじ》の切り替えです。クレスベール証券の香港法人は、「基本給月額一〇〇万円の報酬を出す代わりに、三カ月以内に給与を含めた諸経費の三倍を売り上げないと解雇」という条件で私を雇ってくれました。さらに、稼ぎが給料の五倍を超えたところからは、その超えた分の一五パーセントを報酬として支払うという約束です。

ハードルはあるものの、やればやるほど自分に入ってくる。俄然《がぜん》やる気が起こります。

ところが、人生の落とし穴が待っていました。

口約束での契約はいっこうに契約書に署名されないまま、営業活動が始まります。この会社の体質に疑問を持ちながらも、稼ぐことが先決です。

そして華僑投資家すべての口座開設が完了した直後の転職二カ月後、この証券会社に突然の営業停止命令が出されます。

クレスベール証券は、親会社のフランスの銀行が倒産。

しかもクレスベール証券は、私が入社する際に契約書をかわさず口約束だけだったので、報酬支払いを拒否します。私はこの会社を二カ月で退職に追い込まれましたが、経済的合理性を追求する冷静な目がなかったことをおのずと悟りました。

当時の幹部との口約束を信じた結果に信頼関係の構築などできるわけもなく、六週間後に営業再開され、新しい親会社が現れた後もやはり信頼関係の構築は無理でした。

二カ月間とはいえ私はこの証券会社に、かつてないほどの手数料収入をもたらし、大口華僑投資家の口座を開きました。しかし再三の引き止めにも信用できず、私はこのクレスベール証券をあとにしました。

歩合制のためほとんど収入のなくなった私は、生活費にも事欠くほど。つまりこの時点では、私には資産と呼べるものなどまったくなかったのです。

そのときの私を救ってくれたのはやはり華僑投資家でした。

知人からの紹介により、シンガポール最大手で、華僑投資家ご用達の証券会社、ビッカーズ・バラス証券会社会長のフレディ・リー氏に面会がかなったのです。なけなしの貯金から旅費をひねり出し、香港からシンガポールに飛ぶこと三時間。リー氏はすぐにビッカーズ・バラス証券の香港法人の社長に電話を入れました。

報酬は、営業収入の歩合二〇パーセント。

香港で生き残るか、それともみじめに日本へ帰るか。

ここが分かれ目でした。

ゼロから顧客を開拓し、香港で七年間築いた華僑投資家との関係を切るか、それとも何年も働いた日本の証券会社をやめ、日本人の私が現地で華僑投資家の営業を続けるか。

選んだのはもちろん後者です。この判断を行動に移すことによって、経済的合理性を追求する華僑投資家の人生と私の人生とが二重にダブって見えてきました。

そして、経済的合理性を追求することを人生のプログラムに取り入れると、必然的にそれまでと異なる人生へと変化し出しました。

ビッカーズ・バラス証券は、新興証券会社でありながらも、アメリカの大手銀行の資本が入っていたこともあり、財務内容は健全そのもの。そのため、華僑投資家からは連日のように大きな注文が大量に舞い込んできました。

日本人が香港の証券会社を買う

一九九六年、ビッカーズ・バラスから香港の山一證券へ移り、取締役に就任しました。その後山一が自主廃業したのは、香港でアジア通貨危機による大暴落が起きた翌月のことです。それを知ったいくつかの証券会社からは、好条件で入社の誘いがありました。

しかし私は山一證券の香港現地法人に移ったとき、この会社をやめるときは独立するときだと決意していました。

そうした状況にあった一九九八年二月、香港の中堅証券会社、ユナイテッドワールド証券のオーナーが、会社を売りたがっていることを知ります。前年の大暴落の影響で経営が安定していなかったのです。

当時は証券不況で、どこの証券会社も大変な状況でした。

オーナーが言う金額は一〇〇〇万香港ドル（当時の為替レートで約一億七〇〇〇万円）。歩合外務員で稼いだ預金もあり、決して無理な額ではありません。

（ほかの誰でもない自分の証券会社なら、自分の営業スタイルをそのまま経営に反映し、華僑投資家と自分の思う通りに付き合える会社ができる。自分で証券会社を持つなら、経済危機の今しかチャンスはない！）

アジア通貨危機で売りに出された証券会社は当時多くありましたが、ユナイテッドワールド証券は一九七九年から地元で営業を続ける小さいながらも名門の証券会社でした。オーナーであった陳氏は、一代でアジア最大の消費者金融を香港で創業した伝説の人。経営者としても人間的にも魅力的な方で、私との交渉は終始友好的に運びました。

私が香港のユナイテッドワールド証券を買ったのは一九九八年八月のことです。

しかし証券会社の営業には、香港証券先物監視委員会（ＳＦＣ）と香港証券取引所の認可が必要。認可までの間は証券会社としては認められず、私は生まれて初めて証券マンではなくなります。

後述するように、証券会社に勤めますと不労所得への投資に多くの制約を受けます。私は、証券会社としての認可が下りるまでのこの時間、自分の残りの財産を使って一発勝負に出ることを考えました。

株、債券、為替、不動産。アジア通貨危機後の香港は、どの金融商品もまさに大バーゲンセールのような安値でした。

実はこのころから私は華僑投資家へのこれまでの営業に限界を感じていたのです。と同時に、金融ビッグバンで自由化になる日本の個人投資家に大きなチャンスがやってくると考えていました。

日本で証券会社を作る。日本人に香港・中国株へ投資してもらう。

この無謀とも言えるビジネスには、手元の資金だけでは心もとなく感じていました。出資者を探しましたが、うさんくさい香港の日本人という目で見られ、すべて門前払い。国内の証券会社に片っ端からアポイントを取ろうとしても、こちらもすべて門前払いです。

そんなころ、香港の先物市場か、オプションの金融デリバティブを専門に扱う会社、もしくは香港先物取引所の会員権を買わないかという申し出を受けます。さらには私とは別のアジア企業が二一〇万香港ドル（当時の為替レートで約三五〇〇万円）で先物取引所の会員権を買いたいと申し出ていることも判明しました。

私は一発勝負に出ました。

会員権の代金二五〇万香港ドル（同約四二五〇万円）を現金で支払うことにし、契約を取り付けます。四二五〇万円は私にとって最後の預金のほとんどを使い果たすことになりますが、相場から言えば破格でした。

華僑投資家から学んだ、不労所得の一極集中買いです。

将来、このデリバティブを使う会員権は価値が出る日がきっと来る！　こう信じて香港先物取引所の会員権を個人で保有するという、大胆かつ例を見ない勝負で資金を投入しました。

この会員権の買収は、その後の私の命運を決定づけるくらい重要な意味を持ちます。

その一方で二〇〇〇年一月、香港の証券会社としての香港当局の認可が下りました。私の香港でのユナイテッドワールド証券の経営が始まりました。

香港ユナイテッドワールド証券を買い取ったとき、周囲から、そんなことしなくてもいいじゃないか、一生遊んで暮らせるだけの資産も収入もできたのに、とよく言われました。証券会社をひとつ買えば、確かに資産も大幅に減らすことになります。

しかし、一番いいときに次のステップを考えておかなければならないこと。

これも、後に述べる「つねに三年先を見ながらそのときの行動を決める」という華僑投資家の鉄則を遂行することでした。

証券会社でスキルを身につけた私は、同業種でそれを生かすしかありません。それには最終的には転社するか独立するかのどちらかです。

そこで私はリスクをとって独立することにしました。

時代はつねに動いています。

インターネットの台頭と、株式手数料の自由化で、証券界には激震のごとく再編の波が押し寄せつつありました。

三年後を見据えて行動する。華僑投資家のメンターを演じていた私は、華僑投資家の利益を第一優先に考えることから、日本の個人投資家へ軸足を変えるという大きな決意をします。日本の個人投資家に真剣に目が向いていました。

「橋本内閣の金融ビッグバンは将来とんでもない起爆剤になるぞ」

「これほど勤勉な日本人が、今まで無縁だった不労所得や国際金融投資に向けば、すごいことが起こりそうだ」

「日本の復活は個人金融資産の活性化なくしてはありえない」

日本の個人投資家が、華僑とまったく同じ条件で、将来有望な中国株や他新興国の株式に自由に投資できる証券会社を作ることを、私は寝る間も惜しんでひたすら考えました。

華僑の不労所得で年収二〇年分を稼ぎ出す

タム氏と私、二人を例に、一介のサラリーマンがどうやって資産を築いたかをお話ししました。

タム氏は二三歳、五〇〇〇香港ドル。私はクレスベール証券の倒産で生活費に困ったころを起点とすると、三〇歳、〇円でスタートしたと言えるでしょう。

タム氏も私も、何か特別な才能があったというわけではありません。すぐわかる共通点といえば、お互いへたくそな英語を話すことでしょうか？

共通する鉄則は以下の三つに集約されると思います。

①サラリーマンとしてハードワークをこなし、仕事のスキルを身につける
②信頼に足る人脈を築き上げながら、タネ銭をためる
③感情に左右されることなく、経済的合理性に基づいた投資を行う

サラリーマンだった二三歳から三〇歳まで、私の平均年収は五〇〇〇万円にも満たないも

のでした。

それが三〇歳から三四歳で香港で証券会社を買えるほどの預金ができたのです。

ただし、これは証券外務員という就労所得で資産を限りなく増大させる華僑投資家から恩恵をこうむったに過ぎません。

そうして、前述の香港先物取引所の会員権の購入という賭けに出ることにしました。

時代の流れは、証券取引所を上場させ、他国の市場との合併、もしくは提携に向かわせていました。一九九九年から二〇〇〇年にかけて、ヨーロッパやオーストラリアなどでは、主要証券取引所がこぞってその株式を上場させていました。

日本では二〇〇六年現在、東京証券取引所の上場スケジュールがにぎわっていますが、世界のトレンドはすでに一九九八年ころからこの動きが加速していました。

二〇〇〇年六月、アジア通貨危機から復活しつつあった香港証券市場は、その香港証券取引所の上場を実現させました。

私の香港ユナイテッドワールド証券は、香港証券取引所の正会員であったため、瞬く間にその会社の価値が増大しました。一億七〇〇〇万円で買い取った会社の価値はみるみるうちに三倍までふくらみます。

一方で、四二五〇万円で買い取った香港先物取引所の会員権は、香港証券取引所の株式が付与されて一気に五倍にまでふくらみました。

私は二〇〇〇年のこの年に、この株式を現金化しました。これが私にとって唯一、そして大掛かりに成功した不労所得と一極集中の最大の成果でした。

「金融ビッグバンで大きくうねり出す日本の個人投資家に、私がそれまで培った華僑の投資手法を伝えることをビジネスで実践してみよう」とそれまでの計画を行動に移しました。

タム氏が香港のインターネット証券に半分の資産を移しはじめていることも、私の日本での中国株インターネット証券の設立を後押ししました。

時代の波が確実に、そして思いもしないスピードで変化していることを実感していました。そして私はついに沖縄で、日本で初めて香港証券取引所に中国株をオンラインで直接つなぐ唯一の証券会社、ユナイテッドワールド証券株式会社を、沖縄県名護市の金融特区に資本金一億七〇〇〇万円で設立しました。

二〇〇一年一二月二四日、クリスマスイブのことです。

三五歳のときに買い取った香港のユナイテッドワールド証券と同額の一億七〇〇〇万円です。この設立資金はあの、不労所得である香港先物取引所の会員権の売却資金であることはいうまでもありません。

打ち出の小槌《こづち》は確実に私のポケットにも入っていました。しかも気づかないうちに。

若いころの目標のひとつ「岡三証券の社長になる」は、別の証券会社の社長になることで実現しました。

そして「岡三証券の社長」より「ユナイテッドワールド証券の社長」になれたことを、私は誇りに思い、また幸福なことだと感謝しています（岡三証券の社長様、生意気言ってごめんなさい！）。

お金にも「クリティカル・マスの鉄則」が当てはまる

タネ銭の金額は、私が学生だった『ユダヤの商法』のころで一〇〇万円。今でも五〇〇万円あれば十分でしょう。ミニ株やネット取引、中国株など投資環境が整った現在、少ないタネ銭でも投資は始められます。

前にも少し書いた「クリティカル・マスの鉄則」。ある一定の段階に到達すると、そこから先は加速度的に増えていくことを言います。

実は、お金儲けにもクリティカル・マスが存在します。一〇〇万円をためるまでには相当苦労をするが、一〇〇万円を二〇〇万円にするのは案外簡単なのです。

ただし、お金はまとまればまとまるほど、増やしやすくなることも事実。

一〇〇〇万円のお金を持っている人がそれを一〇〇〇万円にするのは難しくても、一億円持っている人がそれを三億円に増やすのは案外簡単なのです。

そしてもうひとつ、絶対的な鉄則があります。

それは、ある一定ラインに達したところで満足したり、あきらめたりすると、お金はそれ以上に増えなくなってしまうということです。

たとえば目標を一〇〇〇万円に設定し、到達したところで満足したとします。満足した時点で、お金を増やす努力を放棄するので、当然お金も増えなくなるのです。

あなたもクリティカル・マスの鉄則を理解すれば、お金儲けを難しいとは思わなくなるでしょう。お金を増やすための情報を収集・分析し、お金を増やす方法を勉強しつづけることと、「お金を増やしたい」という明確な目的意識を持ちつづけることができれば、確実にお金はお金を呼びます。

不労所得のダークサイド

さてここでは、少し話がずれますが、不労所得のワナについてお話ししたいと思います。

不労所得のワナとは、不労所得を得はじめた人のほとんどが経験し、また本人が気づかないままズルズルと闇へ引きずり込まれてしまうものです。


ビッカーズ・バラス証券に移籍したころの私は、朝早くにブレックファスト・ミーティングを終え、夜遅くまでニューヨーク株式を売買するという日々が続いていました。

そして私は香港証券取引所の一日の売買高の数パーセントを毎日動かす、大物トレーダーとして扱われるようになりました。当然のごとく生活も派手になります。

秘書・通訳・アシスタント・トレーダーなど五人のスタッフを抱えるようになりました。年収も岡三証券に勤務していたころの二〇倍以上に増え、接待交際費も経費も湯水のごとく使えます。

すると、不労所得のワナに落ちはじめました。

金無垢《きんむく》の腕時計にベルサーチのスーツ、エルメスの靴にカルティエのベルト……。

レストランでの食事は最高級のフレンチレストランで、シェフのおすすめなんかには耳を貸さず、

「メニューの高いものから順番に持ってこい！」

というような態度です。

「金を儲ける」ことを前提に話をしない人のことを軽蔑し、まさに「人の心は金で買える」ような錯覚におちいっていました。

「あのころの林さんが一番嫌いだった」

当時の私を知る人はよく言います。

ある程度のお金ができると、誰でも一度はお金に試されて、人によってはお金に翻弄《ほんろう》されきってしまうのかもしれません。

そして、不労所得で得たお金の場合、一〇〇パーセントの確率でこのワナが待っています。ですから株式投資や不動産業で財を成す人や、株の時価総額で個人資産を増やす人に、一番危険なワナが必ず待ちかまえていると言えるでしょう。

この不労所得の持つワナを、華僑投資家は、「ダークサイド（Dark side of money）」と呼びます。

そんなとき、私にとって人生を揺さぶる大きな出来事がありました。

兄が白血病におかされます。

骨髄バンクが普及しはじめたころで、唯一の治療は骨髄移植でした。

小さなときから私の憧れ的な存在であった、強く、頼もしく、才色を兼ねた心優しい兄です。偶然、幸運にも私の白血球の型が合致し、骨髄移植により生還できる可能性が高まりました。

それは香港で、経済的合理性をまっしぐらに追求しているころでした。

当時の私は、不労所得で資産を増大させる華僑投資家の価値観を肯定するあまり、ほかのことを考えずに金儲けのことばかり考えている最中でした。

金無垢の腕時計に出っ張ったお腹《なか》とたるんだ首筋で、兄に骨髄移植をほどこしたのです。

香港と大阪を往復して兄に数回の骨髄移植をしながら、私は経済的合理性だけを追求していました。その間、兄は白血病を再発させ、みるみる衰弱していきます。

やるせない思いに打ちのめされながら最愛の兄の死に直面する私に、市役所で働き、公務員として堅実に生きていた兄が、無菌室でこう言いました。

「おまえ滑稽《こっけい》だぞ。成金以外の何ものでもないぞ。金の時計をしてキャビア食ってればえらいのか。うちの娘なんかおまえのことをブタの叔父さんと言ってるぞ！」

何かで頭を打たれたように感じました。そのとき頭によぎった暗いものが、つねに私の心を覆っています。

その兄の言葉は心の奥底に、何かをもぎ取るように入り込み、去っていきました。それまで誰もそんなことは言ってくれなかったからです。

兄が白血病になってから、私はそれまで贅沢に使っていたお金を治療のために使い、ありとあらゆる手を尽くしました。三カ月に一度、香港から骨髄液を抜きに大阪まで通っていました。

日本へ来るたびに、

「世話になるな！　ありがとう」

と兄は言ってくれました。

自分は成功しているし、貧乏はいやだ。

そういう気持ちでいっぱいだった私は、何か得体の知れない矛盾を感じはじめます。骨髄移植、リンパ球移植、末梢血幹細胞移植、そしてまたリンパ球移植と、抗がん剤により頭髪はおろか眉毛まで抜け落ちた兄。壮絶な死との戦いが始まっていました。

二〇〇〇年、四回にわたる骨髄移植手術をうけたあと、東京大学病院で従来にない画期的な治療が試みられていることを聞いた兄は、私と一緒にセカンドオピニオンをとりに行きました。

私はそのころ、東京に小さな新築のマンションを購入しました。その新築のマンションに初めて泊まった人が兄でした。

東京に来た翌日、兄を起こしに部屋の扉を開けたときでした。声に出ない驚きとはこのことです。

部屋中にただよう消毒液に似たにおいは、兄に打たれた大量の抗がん剤と各種の抗生物質の影響から放たれる病院臭でした。体から発せられる有機物のにおいに打ちのめされるどころか、点滴を打ちすぎて青く腫れた腕はもう血管がぼろぼろになり、針の一本も打つ場所がないほど青紫色に腫れ上がっています。

翌日、二〇〇円にも満たない一本のボールペンを病院に忘れた兄は、わざわざとりに向かいます。大腸炎のため極度の下痢になってうなされた兄が、今度は目の激痛を訴えます。二時間かけて緊急病院にたどり着くと、右の目の角膜が抗がん剤で焼けただれていることが判明します。

緊急病院から私の東京のマンションに帰ったときには、ただただ神に祈るだけでした。翌日、羽田空港から生まれて初めて乗る飛行機を怖がりいやがる兄は、四一度の高熱のなか、大阪の伊丹空港から救急車でもとの病院に運ばれました。

ＩＣＵ（集中治療室）で三日間昏睡状態になった後、奇跡的に目を覚ました兄は、

「三日も意識がなかったのか？　一時間昼寝をしていたようだ」

と言いました。死期が近づいていたのでしょうか。

「この間は悪いことを言ってすまなかったな！」

それから二カ月後、私が香港に戻る飛行機の機中にいるとき、兄は四〇歳の若さで命を落とします。

自分の体のなかにこんなに涙が存在するのだろうかと思えるほど、三日間泣きつづけ、頭のなかが真っ白でした。

お金がなくても、兄はしっかりと自分の幸せが何かを考えて生きてきた。そうやって真

摯に生きてきたのに、命を永らえることができない人がいる。

少しのお金ができた私は、ブタの暮らしを覚えたが、結局兄の命を救えなかった……。

豪華な食事をやめ、ジムで体を鍛えはじめました。

人間関係を見わたすと、周りにギクシャクしていた人間が多くいることに気がつきました。日本人の友人が一人もいないことにも気づきました。

貧しかった親をバカにしている自分にも……。

兄の死を通して私は考えました。お金とは、人生とは何だ？

「お金を儲けるのが俺の目標だったはずだ。お金があることと、すばらしい生き方とは違うことなのか？」

ただ、この答えを見つけるにはあと数年の歳月が必要でした。

現在、日本でユナイテッドワールド証券を経営し、多くの従業員に囲まれ、愛情、友情、嫉妬、ねたみなど、多くの人間の感情を側面から理解することができるようになって初めてこの糸口がつかめます。

三七歳の私は、悲しみを打ち消すかのように兄の遺骨の一片をそっとふところに忍ばせて香港に戻りました。

鉄則⑤ 一極集中投資こそ王道

ここからは華僑投資家に学んだ、さらに具体的な投資方法についてお話ししましょう。

最初は彼らの「一極集中投資」というスタイル、そしてリスクの考え方です。

読者のみなさんは、「株式投資はリスクの少ない分散投資で」などと書かれた、日本の初心者向けの株指南書を読んだことがあるでしょう。

けれども私の考えでは、分散投資では資産は増えません。

私の知る限り華僑投資家たちは、誰もが「一極集中投資」で資産づくりをしています。

銘柄を絞る、投資対象を限定する、投資スタイルを決めるなど、人によって方法はさまざまです。いずれにせよ、時代の変化によって投資対象を変えることはあっても、同じ投資家がつねにいくつもの投資を並行して行う、つまり分散投資をする人はいません。

「えっ!? 一極集中投資はリスクが高いのでは」

と言う人は多いかもしれません。

確かに、投資先を絞る一極集中投資は値下がりしたときのダメージは大きい、つまりリスクが高いのは間違いないでしょう。

私たちは実は大きな勘違いをしていることが多いのです。ここだけはどうしても考えを華僑投資家と同じに変えてください。

私がよく言われたのは、

「リスクをとらないで利益を追求することは論理的にもありえない」

「危険（リスク）を冒さずに利益を生むような虫のいい話はこの世に存在しない」

ということです。

そして、リスクとは何か？

不労所得においてリスクとは、情報不足、認識不足をさします。

では、そのうえで、実際の華僑投資家の方法がどんなものかを見ていきましょう。

分散するほどリスクは増える

まずここも、タム氏の投資法からお話しします。

タム氏が最初は不動産投資から始まって次に株式投資、そして私の営業で初めて為替で儲けたということはすでに書きました。

こう言うとタム氏は何にでも投資する、という印象を持つ人も少なくないでしょう。それでも、株を保有するときの銘柄数は豊富な資金にもかかわらずつねに一〇以下。その銘柄は徹底的に調べ、また広く優秀な人材を揃《そろ》えた人脈を使って検討しますから、その銘柄のことは誰よりも頭に入っています。

つまりよくわかっていないものを持つことがリスクであり、リスクを避けるために行う分散投資は結局のところ認識不足の言いわけでしかないのです。

別の言い方で言えば、一見リスクが大きそうなタム氏の一極集中投資のほうが、銘柄を絞り込むうえでよっぽどリスクはないということになるでしょう。

初めて会った日の、「俺もみんなも真剣なんだ」という言葉に、それがすべて表れていると思います。

リスクは投資先を分散すれば避けられるというのは、株の初心者向けのまやかしです。いくら分散しても、よく調べないで買う株や不動産には、投資する数に比例してリスクは増えていきます。

ＩＰＯ（新規公開）株式のさやで巨額を稼ぐトン氏

次は香港の特殊な制度を利用した、「一極集中」というか「一方法集中」とでも呼べるようなある投資家のことをお話しします。

その投資家トン氏は、香港島の南に位置する小高い山の豪邸に住む華僑投資家です。もともとは公認会計士から投資一本の生活に入りました。

ビッカーズ・バラス証券で営業をしているときに、大きな取引をする相手方として現れたのがトン氏。新興国の債券や、ジャンクボンドとよばれる新興企業などが発行する利回りの高い債券などを好んで投資していました。

トン氏が当時よくやっていた方法は、公開直前のＩＰＯ（新規公開）株のうち有望な銘柄を、自己資金とともに銀行から短期で資金を借り入れて大量に買い集め、購入後値段が上がったところですぐに売りぬけて利ざやを稼ぐというものでした。

トン氏のなかでもっとも当たった銘柄は北京エンタープライズ（北京控股）です。

公募のときに信用買いの六〇〇億円で香港中の三〇ほどある証券会社に注文を出しました。そして公開されて上がったところをバッと売る。そして後はまったく見ないのがトン氏のやり方でした。

資金力のあるトン氏は典型的な「さやぬき屋」。「さやぬき」は「裁定取引」とか「アービトラージ」とも言いますが、同じような値動きをするふたつのものの価格差を利用して利益を得る手法で、割高になったら売って同時に割安なほうを買うという方法です。

現在ではヘッジファンドがよくやる手ですが、トン氏はおもに新興国の債券や新興企業の上場に伴う市場でこの方法をとっていました。

トン氏のＩＰＯもそうですが、ある制度があればそれを利用したすぐれた投資法があるものです。そんな機会があれば、それを利用しない手はありません。

そして儲けられると判断した投資法や対象があったら、大量の資金を一極に集中投入して儲けるのが華僑投資家の共通点です。

一極集中投資のお手本リー・カーシン氏

華僑第一世代。

個性的な人物が多いなかで、もっとも有名なのは、香港最大の企業グループである長江実業集団の不動産王リー・カーシン氏でしょう。

二人の息子たちも経営者として独立していますが、そのうちのパシフィック・センチュリー・グループなどは東京駅近くのＰＣＰビルも持っており、日本にも進出しています。

潮州生まれのリー氏が香港にやってきたのは、中国本土に共産党政権が成立して間もないころでした。リー氏のサクセスストーリーは、まさに華僑第一世代の典型です。

最初は新聞売りからはじめ、プラスティック工場を作って造花「ホンコンフラワー」の大成功で財産をつくり、不動産に投資して大成功。伝説の人物となりました。

氏が一極集中で買収に成功したハチソン・ワンポア社はＩＴ、通信事業を中心に海運、不動産、ホテル、テーマパーク、エネルギー、流通、医療など多様な事業を、香港中心として世界各国に展開する複合企業。その資産は、日本円で一兆円以上とも言われています。

また、一九八九年の天安門事件発生時には、外国企業が中華人民共和国から避難するなか、反対に中国への投資を拡大したことで香港最大の企業集団として台頭しました。

このリー氏の投資法こそ、華僑投資家に共通する一極集中型と言えるでしょう。

時代の少し先を読み、もっとも確実な投資先を判断して巨額の資産を投入する。これぞ一極集中投資のお手本です。

リー氏が華僑投資家にとっての「大老賽（トップを走るボス）」であることは、鉄則2でお話ししました。たとえばリー氏が中国本土のホテルに投資するとほかの華僑投資家もそれに続き、リー氏もほかの投資家も大きな利益を得ています。

投資で成功するには一極集中。

これも私が華僑投資家たちから学んだことのなかで、特に大事な考え方のひとつです。

鉄則⑥ 国境を越えて投資する

お金に国境はありません。

これは、これから世界の常識となっていくでしょう。

ただ日本では今まで、個人投資家のお金を海外へ投資しづらくする「言葉」と「高い国際通信費」という目に見えない「国境」がありました。

以前は高コストの日本の証券会社を利用して投資するしかなかったのですが、橋本内閣による金融ビッグバンで手数料が自由化されたうえに新規の証券会社の参入も容易になり、個人が国内、海外にかかわらず、自由に投資できるようになりました。

世界中どこであっても、もっとも効率のいいところにお金を投資する。これも経済的合理性を追求した方法であり、華僑投資家に共通した特徴と言えるでしょう。

不労所得で財を成した香港の華僑投資家たちとほぼ同じ条件で、日本の個人投資家も投資を行えるようになりました。これは、日本の個人投資家に大きな大きなビッグチャンスがやってきたことを意味します。

このビッグチャンスはアジアの金融センターとして栄える香港の歴史をひもとくことで、それがいかに大きいものか理解できると思います。

もともと香港は、国際的投資に向く自由放任主義で莫大な資産を築いてきました。

ご存じのように一九世紀にイギリスの植民地となった香港は、激動の第二次世界大戦を経て、中国本土とはまったく別の経済成長を歩んできました。

香港は古くからのアジア海運の要所。さらには自由交易港であることから、アジアの金融、流通の中心という地位を担ってきました。

いわゆる「一〇〇万ドルの夜景」は、世界中から集まった巨額の資金の象徴です。

一方、貿易立国でものづくりにもサービスにも世界トップを誇る日本は、世界で一番豊かで金持ちの国になりました。そのうえ、外貨準備も世界一を誇り、通貨も安定していま す。さらには世界に誇る個人金融資産一四〇〇兆円を有しています。

香港と日本の唯一の違いは、投資に対しての規制と考え方の相違により、資産効果を最大限に活用していなかっただけの話です。

私が知り合った華僑投資家たちも、香港自由主義の特徴を生かして国際的な投資と不労所得で財産を増やしている人物がほとんどです。

この、「国境のない投資」は将来の日本の成長におおいに貢献すると信じていますし、一四〇〇兆円と言われる個人金融資産の国際化こそ、長い目で見た日本の新たな原動力になれるはずです。

私のユナイテッドワールド証券というビジネスは、これらを実現するための手段に過ぎません。

では、華僑投資家がしてきた自由な投資、つまり、「国境のない投資」について考えていきましょう。

成長しきった場所には投資しない

香港で出会った華僑投資家で「国境のない投資」を語るにもっともふさわしいのは、第1章に登場し、私に経済的合理性について教えてくれたコン氏でしょう。

ここでは、コン氏のすさまじい半生からひもといてみましょう。

東南アジアの社会主義国家、ミャンマー。当時はビルマと呼ばれていました。

イギリス植民地であった香港が金融・貿易立国として繁栄する一方、コン氏は、資源国としてのビルマに目をつけます。そして、このアジアの小国に道路や工場などを建てることを前提として、測量・施工会社であるエンジニアリング会社を興しました。

それまでのコン氏は、一九五〇年代に単身でアメリカにわたり事業を興しますが、六〇年代の大恐慌を機に香港に戻って故郷中国との間を行き来するという人生でした。

アメリカの恐慌と香港の文化大革命時の不動産暴落を経験した氏は、実業を正業とみなし、不動産などの不労所得に対してはつねに、新興国の資産価値が皆無に等しいときに大量に保有するという手法をとっていました。

氏はその強烈な行動力と深い洞察力で、ビルマでは一大財閥を築くのに成功しました。

しかし運命は、ときに過酷な試練を与えます。

一九六二年、ビルマに軍事社会主義革命のクーデターが起こります。

コン氏は、命からがら香港に戻りました。

社会主義革命とはすべての私有財産が国家の財産となることを意味します。すなわち、今まで築いたものがすべて一夜にして没収されるのです。

半ばビルマを追い出される形でビルマでの資産をすべて置いて香港に戻ってきました。当時の香港の現地新聞の見出しは一面でこのコン氏の姿を報じたそうです。

コン氏はいつも私に次のように話してくれました。

すべての社会を動かすものは資本と人間だが、資本はつねに「経済的合理性」が適用される。

人間が起こすクーデターという予測困難な事態に遭遇しようとも、また、すべての資産を没収されようとも、それを基本におけば必ず失った以上のものが戻ってくる。

感情を排除し、合理性をもって対処すれば、財産の復活は可能である！……と。

クーデターとまでいかなくても、経済状況が少し変わっただけで私たちはうろたえてしまいます。

しかし大財閥を築いたコン氏は経済的合理性を追求することで、狭い範囲の常識が通用しない社会の荒波を受けたあとも見事に復活します。

現在のミャンマーの国際空港が実はコン氏がかつて作った自家用空港であった話や、氏の自宅が現在の政府迎賓館に使用されている話についても、

「すでに過去の話だ」

で終わってしまいます。

それら過去の栄光より、コン氏にとってはそのときそのとき、つまり現在のほうが大事なのです。コン氏はその後、香港に戻って資金を調達したあと、測量技術を駆使したインフラ構築と不動産投資がみごとにシンガポールで花開くこととなります。

ミャンマーから香港に戻ったとき、真っ先に香港上海銀行の頭取に面会を入れ、屋敷を担保に復活資金を借り入れていたのです。

そこには、感情に打ちひしがれる間もなく合理性を追求する姿があり、また非常時にはハードワークの代わりに借り入れでタネ銭をつくることも合理性に合致するのだということがよくわかります。

そして私にも、いつの時代にもどんな環境下でも通用するものがあるという確信ができてきました。


まるで小説や映画のように国境を次々と越えてきたコン氏ですが、そうした理由はただひとつ。もっとも効率のいいところで投資を行う、経済的合理性です。

「もうここまで上がってしまった香港に比べ、東南アジアのこの国ならばまだ格安だ」

平均株価が隣国と比べて割安だったり、まだ上がっていない場合、華僑投資家は以下の条件を目安にします。

・新しい資金が流れ込む
・制度の変化が起こる
・若年層や青年層が多い

これらの条件が揃えば、華僑投資家はその巨大な資金を動かします。

ベストの場所で、ベストのものを、ベストの方法で

コン氏のこの話は、私に大きなヒントをくれました。

すでに書いたように、私が友好的に買い取った香港のユナイテッドワールド証券はもともと香港の古い証券会社でした。

香港で華僑投資家に株式の取り次ぎをしていた私ですが、日本の個人投資家に中国株を〝逆輸入〟して、日本の個人投資家に販売するという大転換を行いました。

さらに取引方法は、整備されつつあったインターネットに限定しています。

なぜ、華僑富豪や大物の華僑投資家から、日本の個人投資家、しかも一般の小口投資家に対するサービスを考えたかというと、まさしく時代の流れを感じ取ったからでした。

証券営業に携わっていた当時、規制の多い日本では小口の一般投資家が一番損をしていると感じることが多くありました。それに対して華僑投資家は香港という自由な制度のなか、不労所得で富豪になっていきます。

華僑投資家と日本の個人投資家に、人間的な違いはまったくありません。むしろ、日本人は勤勉で礼儀正しく、時間を守り、類まれな努力家だと言えるでしょう。

そこに金融制度上のビッグバンで、変化が起こりつつありました。そうなると、「日本の個人投資家のほうにチャンスがめぐってくる確率が高い」と考えたのです。

ベストな市場にいつでも自由に投資できる制度がなければ、日本国内の株式市場や、不動産が堅調なときはよくても、それらの調子が悪いときや強烈な発展をしそうな市場が海外にある場合には恩恵をこうむることができません。

一四〇〇兆円とも言われる資金を持ちながら、海外の株式や不動産に投資するのに、一番縁がなかった人たちをどう説得するか。これを考えて出てきたアイディアがインターネットに限定した営業展開です。

「より多くの人に小口の資金から投資できる環境をつくろう」

「個人投資家を味方につけないと証券会社は滅びる！」

そして、一〇万円から投資できる中国の株式やマカオの不動産ファンドなど、投資のハードルを極限までに低くしました。

「華僑投資家の再来を沖縄から」

こんな思いから、香港と東京のちょうど中間にある沖縄に本社を構えました。

当時の沖縄には金融特区の構想もあり、さんご礁のビーチ近くのサトウキビ畑の真ん中に建つ企業育成施設を、家賃無料で沖縄県名護市が助成してくれました。これでコストが大幅に削減でき、ベストな低価格の手数料で中国株を、個人投資家に向けたインターネットで提供することが可能になったのです。

言いかえれば、

「ベストの場所で、ベストのものを、ベストの方法で投資できる環境」

つまり華僑投資家とまったく同じ条件のもとで不労所得に投資できる環境を、日本の個人投資家たちに提供することができたのです。

これから経済成長する国の三つの条件

国境を越えた投資とはどんなものでしょう。

「失われた一〇年」と呼ばれ、経済が低迷した一九九〇年代、日本に投資するにはかなりの勇気が必要でした。株価は低迷し失業率は増える一方、地価も暴落し企業倒産件数も相当数に上りました。

反対にこの時期、アメリカや中国は飛躍的に経済成長し、東南アジアや中東各国の経済も台頭してきました。

要は、地球上のそれぞれの通貨圏には必ず経済が躍動する地域と、そうでない地域が存在しているということです。

華僑投資家は、国境に関係なく一番経済が発展している市場へ徹底的に投資します。経済が停滞している国の市場でいくら儲けようとしても、お金は集まらないのですからリスクばかりが大きくなり、結局は損を出す確率が高まります。

金融ビッグバンやインターネットでコストが下がり、情報が取りやすくなった現在、躍動する通貨圏に投資をすることが何より重要です。

では何を基準に投資先を選べばいいのでしょう。

私は次の三つの条件を考えてみました。

条件１　若い世代の人口増加率が高い

条件２　規制緩和など社会状況の変化がある

条件３　財政が黒字か、黒字に向かっている

人口が増えるのはもちろん、とくに二〇～三〇代の若い世代が多い人口比率になっていることが成長する国の条件。これが条件１です。

そしてさまざまな規制が緩和されて、投資環境が整うことが条件２。そうすることで外資投資も増えていきます。

条件３。財政状態の良好な国家でなければ、民間企業も成長できません。

たとえば私が自社で中心にしてきた中国は、この条件にぴったりでした。

投資対象を何にするか

場所の次は投資対象です。

世界中の国のほとんどに次の三つの投資対象が存在し、それはすべて不労所得です。

①株と債券

②不動産

③その国の為替（我々は対円で考えるべきです）

これからは日本からいつでも、経済が活性する予兆のある地域、もしくは規制緩和などで資本の流入が起こる、または起こりうる地域に世界的に資金を振り向けることが可能になったわけです。それではこれからどこの地域の何へ投資するのがいいのでしょう。

先にあげた三つの条件から考えて、私は、マカオとベトナムに光を当てています。

二〇〇八年、中国はマカオのカジノで爆発する

米国・ラスベガス。砂漠のなかの人口約一七〇万人の一大都市です。

一九六七年に、ウイン・リゾート社がカジノだけではなく、一大ショッピングモールやエンターテインメント施設を充実させた都市を作りはじめると、現在までに土地価格は約二〇〇倍に上昇し、人口は現在も増えつづけています。また、年間三七〇〇万人の観光客が訪れています。

ラスベガス誕生から約四〇年。今、同じラスベガスの巨大カジノ運営企業がこぞってマカオに大型投資を発表しています。

マカオでは、中国政府へ返還された一九九九年以降、一国二制度のもと、産業が大きく飛躍する時代を迎えています。おそらく、中国政府とアメリカ民間資本が手を結んだ初めてで、最大規模のプロジェクトでしょう。

一方で、マカオは、二〇〇五年にはユネスコから世界文化遺産に指定された歴史的地域などを持つ観光都市でもあります。

以下のプロジェクト、一部ですが見てください！

２００５年　ラスベガス（サンズ）マカオ完成
２００６年　ラスベガス（ウイン・リゾート）マカオ完成
２００６年　ギャラクシースターワールド　マカオ完成
２００６年　エンペラーグループ　マカオ完成
２００７年　ラスベガス（ＭＧＭ）マカオ完成
２００７年　ラスベガス（ベネチアン）マカオ完成
２００７年　グランド　リスボア　マカオ完成
２００７年　クラウン　マカオ完成
２００８年　メルコ　シティー　オブ　ドリーム　マカオ完成
２００８年　イースト　シティー　マカオ完成
２００８年　ギャラクシーコタイ　メガリゾートマカオ完成

総額二兆円の資金が三年間でマカオに流入します。不動産はまだ六〇キロ離れた香港の三分の一程度です。

もしコン氏が生きていれば、いち早く測量会社を建てるのではないでしょうか。

カジノ規制緩和によるビッグバン到来

ギャンブルが人間の本性に宿る感情であることからいって、人口一三億人を有する中国はまさしくカジノの潜在的な顧客。マカオで爆発する可能性は高いと言えるでしょう。
以下は、五つ星ホテルの進出ラッシュの一例です。

２００６年　フォーシーズンズホテル　マカオ完成
２００６年　マリオットホテル　マカオ完成
２００６年　インターコンチネンタルホテル　マカオ完成
２００６年　ドルセットホテル　マカオ完成
２００６年　ヒルトン　ホテル　マカオ完成
２００６年　リーガルホテル　マカオ完成
２００７年　クラウンホテル　マカオ完成

2007年　シャングリラ・ホテル　マカオ完成

これらが集まるのはふたつの島の間を完全に埋め立てた、五平方キロメートル、東京ドーム一〇六個分の海。マカオには、この後にも続々とホテルが建設される予定です。ここまでにあげたほとんどの企業が実はアメリカ資本。二〇〇八年まででアメリカからの投資額は、一兆円を超えることになると予測されています。

巨大な人口を抱える中国と強大な資本や娯楽のノウハウを知るアメリカのタッグによる、壮大なスケールを誇る名実世界一のエンターテインメント地が出現します。

〝マカオ・ビッグバン〟が中国全体に再び火をつける

実は二〇〇四年には、すでに兆しが見えはじめていました。

経済の先行指標と呼ばれる一部の株価は二〇倍に上昇し、土地価格も四〇パーセント程度上昇していたのです。ただ不動産価格は、ラスベガスの例をとっても実体経済に即して上昇します。

今から二〇〇八年までに新規プロジェクトが目白押しのマカオは、投資先としてこの上なく魅力的です。

中国は現在、人々の所得格差や賃金格差の存在が社会問題となりつつあります。一部の悲観的なアナリストには、この問題を中国の将来の不安要因のひとつとして問題視する人もいます。

ご存じのように中国は社会主義国家。しかし現在、貨幣経済中心の競争原理を導入する経済の開放、改革路線を一〇年以上も突き進んでいます。

国民所得が増大するなか、私たちの知らない現象が起きています。中国の若い女性の間でルイ・ヴィトンやカルティエといったヨーロッパの高級品が飛ぶように売れる時代に入ってからずいぶんたちます。富裕層の出現による消費の増大が起こった結果、貧しい人々の所得レベルも上がってきました。

「世界の工場」として製造業から大きくなった中国。次の波はサービス産業と娯楽産業です。

二〇一一年にアジアビッグバンと称される現象が世界機関によって予測されています。二一世紀の主産業が旅行と娯楽産業。二〇二〇年に中国は世界一の旅行者受入国となり、中国人旅行者も世界最大になります。

この巨大市場の発展の弊害に、貧富の差の拡大という問題を指摘する経済学者がいることはすでに述べました。しかしそれを克服するための巨大なエネルギーは、カジノを含めた娯楽産業への拡充という側面で解決の糸口が見つかります。

また、香港とマカオを直接結ぶ予定の橋は、この中国の膨大な旅行者をつなぐだけでなく、想像もできない巨大な夢をつなぐ橋に思えてなりません。

ベトナムは一〇年前の中国だ！

昨年からアジアのある国が気になっています。

それはベトナムです。今後のベトナムでは、ここ一〇年の中国でみられたような急速な発展が予想されます。

ベトナムは、土地面積、人口どちらも日本より二〇パーセント程度小さい国。ベトナムは一〇年前の中国によく似ています。

経済制度の転換とそれにともなう国有企業改革。つまり民営化の積極的な推進といった要素に加え、国民生活も変化しています。

現在中国ではモータリゼーションが急速に進展しています。ベトナムではまだバイクが主流ですが、あと数年もすればモータリゼーションの波が押し寄せるでしょう。

中国という「社会主義から資本主義経済への転換のよいお手本」があるのも有利です。中国と違って大きすぎない点も、高度成長期の日本がそうだったように急速な発展には向いていると言えるでしょう。

ＷＴＯ加盟が起爆剤となる

ベトナムの今後の成長を裏付ける材料として、外国直接投資が大きく伸びていることがあげられます。

二〇〇五年一～九月の外国直接投資融資額は、三カ月を残して年間目標額の九一パーセントに達する四〇億九〇〇〇万ＵＳドル（前年同期比三七・五パーセント増）となり、目標を大きく上回ることは確実です。

華僑投資家が投資するための条件である、まさに「新たな資金が流入する」環境です。

では、企業にとってベトナムの魅力とはなんでしょう。有望と考える理由としては、

①安価な労働力
②勤勉な国民性
③単一民族による団結力
④高い学習能力とアジアではトップ級の識字率
⑤中国リスク分散の受け皿
⑥日本のODAによる高度なインフラ設備

があげられています。

現在、四〇〇社以上の日本の大手企業がベトナムに進出。主な企業にはソニー、トヨタ、三菱自動車、ホンダ、花王、ワコールなどがあります。また、日本電産が先ごろ、今後一〇年に一〇〇〇億円超をベトナムに投資する計画を発表しています。

ベトナムは、一九九五年にWTO（世界貿易機関）へ加盟を申請しました。その後のがまん強い交渉を経て、ようやく今年にも加盟実現しそうです。

かつて中国がそうであったように、ＷＴＯ加盟が新たな起爆剤となり、ベトナム経済はようやく発展するスタート地点に立ったようです。

三年以内に七七〇銘柄が上場

では、ベトナムの株式市場についてお話ししましょう。ベトナムにはホーチミン取引所、ハノイ取引所のふたつの取引所がありますが、どちらもまだ産声を上げたばかりと言えます。

まだ上場銘柄も少なく、たった三六社の上場企業しかありません。現在の時価総額は、六〇〇億円にも満たない規模にとどまっています。しかし政府計画では、三年以内に上場企業が七七〇銘柄、時価総額が二六〇〇億円に拡大するということです。

また、ベトナムでは国営企業の民営化が始められました。

約四五〇〇社ある国営企業のうちこれまでに約二六〇〇社が民営化。日本で電電公社だった国の電話会社がＮＴＴとなり株式市場に上場した例と同じです。

なお、これらの民営化企業は、場外で活発に取引されており、ベトナムの証券取引の主要な部分を占めています。民間企業はまだ主流ではありませんが、少しずつではあるものの力をつけてきました。上場三六銘柄のうち二銘柄は民間企業です。

WTOへの加盟、ASEAN地域内での貿易の拡大にともない、外資系企業を中心に民間企業の上場も増加するでしょう。

ちなみに外資系企業は一九九七年の一八〇〇社から現在は五六〇〇社に増加しました。

まだまだ広がるベトナムの可能性

ベトナムの魅力はほかにもあります。

ひとつに勤勉な国民性、高い識字率。そして体格も性格も日本人に似ています。

また人口の半分が二〇歳以下で高いコスト競争力がありながら、一方で、アメリカとの貿易も復活し、欧米企業の進出も加速しています。

さらには、日本にはない豊かな資源。現在も石油は最大の輸出品で、アジアでは唯一の、世界でも類まれな原油の純輸出国です。

政治が安定し、治安が良好なことも魅力です。ベトナムには宗教戦争・民族問題などもなく、アジアでもっとも安全な国のひとつ。なお二〇〇五年五月以降、日本人はビザ不要となり、日本からの旅行者も増えています。

二〇〇六年八月、私は世界三大投資家の一人といわれるジム・ロジャーズ氏と香港で会う機会がありました。ジョージ・ソロス氏率いるクォンタムファンドと言われる世界最大のヘッジファンドで、四〇〇〇パーセントと言われる驚異のパフォーマンスを実現した伝説の人物です。

世界中の投資に適した対象をモーターバイクで旅行し、ギネスブックに載るような人ですが、氏いわく、

「今投資するのは中国ではなく、ベトナムだ！」

とのことでした。

どうすれば海外に投資できるか

では日本にいる読者のみなさんがマカオやベトナムに投資したい場合、どうしたらいいのでしょう。

今のところ、方法はおもにふたつあります。

方法1　その地域に絞った、日本で買えるファンドなどを買う
方法2　旅行などで現地に行き、自分で銀行と証券会社に口座をつくる

方法1のファンドについては、日本国内の複数の証券会社でベトナムなどの資産を組み入れたファンドを運用していますし、世界を見わたせば、こうした新興国への投資はまだまだあるでしょう。

方法2については、現在のところやはり言葉の問題が大きな課題ではありますが、より大きな問題は、投資した後の利益に対する納税を最寄りの税務署に申告する必要が出てくることです。

海外の現地証券会社では、日本の税制に精通している会社はまったくと言っていいほどありません。日本に住む以上、海外で得た利益に対しても税金を納めなければ法律を犯すことになります。

しかしながら、現地の証券会社ではこのことをまったく理解していません。

それでも、現地に行ってベトナム株を買うという人は、次の手続きが必要です。

一、ホーチミンやハノイへ行ってパスポートを大使館や領事館に提出し、その場でサインをして証明書をもらいます。

二、証明書が発行されたら、証券会社へ行ってパスポートとサイン証明書を提出し、申し込み用紙にサインします。

三、証券会社の手続きが終わったら、今度は証券会社の提携する銀行へ行って銀行口座を開設します。これもパスポートがあればＯＫ。基本的に証券会社の担当者が一緒に行ってくれます。証券会社によっては日本人スタッフもいますし、事前にインターネットなどで調べておくとよいでしょう。

四、帰国後、ひと月ほどでベトナムから証券取引のための番号が郵送されてきます。その番号が交付されたら取引開始可能となり、日本からベトナムへ送金後、ベトナムの株をファックスあるいはメールで注文します。

私たち証券会社は投資家と市場をつなぐ橋わたしの役目を担っておりますが、日本の税制や、規則をつねに遵守《じゅんしゅ》することを当局から厳しく指導され、運営しています。

海外に直接投資するときには、将来の値上がり益や、利子や配当の扱いをぜひ最寄りの税務署に相談してから投資することをおすすめします。

経済的合理性に基づき、投資すべきところに投資するのが華僑投資家の鉄則。

繰り返しますが、投資には勉強、情報、タイミングが欠かせません。みなさんもよく研究し、納得のいくものを見つけたら勉強したうえでぜひ投資をしてみてください。

経済的合理性があれば、その投資は必ず成功するでしょう。

それこそ私が華僑投資家たちから教えられた、お金持ちになる最も確実な方法です。

CHAPTER 4

第4章

具体的な行動を起こすためのヒント

鉄則⑦ つねに三年先を検証する

ここまで私が香港で華僑投資家たちから学んだことから、お金持ちになるためにはどうしたらいいかを、心がまえと実践に分けてお話ししてきました。

鉄則7は「つねに三年先を検証する」。

時間は誰にでも平等にあります。同じだけあるはずの時間のなかで、将来のために今何をすべきなのかを、鉄則6までをおさらいしながら考えたいと思います。

経済的合理性があると時間にムダがなくなる

鉄則1は「経済的合理性を第一に考える」。

これは華僑投資家から学んだなかでもっとも重要なことです。読者のみなさんには、ぜひ身につけていただきたいと思います。

経済的合理性をもう一度説明すれば、「感情」などマイナスになる要因に流されず、単純明快にお金儲けのために行動する、そんな合理性のことです。

お金は時間の流れに沿って動きます。

経済的合理性を追求すると時間にムダがなくなりはじめます。ムダな時間をなくすことは経済的合理性に基づいた行動です。具体的には、今抱えている問題や、自分の感情をノートに書き出すことが有効でしょう。

経済的合理性を貫くことは、慣れてしまえばそんなに難しいことではありません。

まず、ワクワク感や「楽しい！」といった感情を自分でコントロールし、その行動がお金儲けにつながるかどうかをよく考えることから始めてください。

自分のためになる人物と付き合うこと

鉄則2は「お互いに儲ける」。

お金持ちになるのにいい人脈は不可欠。複雑な現代社会では、投資のために多くの良質な情報を得るのにいいメンターが必要だということでした。

ここで言えるのは、人との付き合いもまた時間だということです。

サラリーマンが同じ会社の人間と居酒屋に行って、得意先や上司のウワサをしても、よくても職場の結束が高まるとか次の仕事がうまくいくとか、身のまわりの小さな変化しか起こせません。資産をつくるには、身のまわりの人からだけでは情報が足りないのです。同じ時間を過ごすなら、遠くて大きな目標のための人物と付き合ってください。それにはオフタイムを何となく過ごしていないで、自分から行動を起こすことが必要です。

趣味のサークルや、投資のための勉強会、インターネットも同じ目的を持った仲間を探すにはうってつけでしょう。

会社や学生時代の仲間以外の人間と付き合うことは、きっとあなたの人生を豊かにしてくれます。私も香港で赤ワインのソサエティを通じて多くの華僑二世の人々と出会い、それは自分のビジネスにも好影響を与えました。

そして、

「仕事を極めなければお金は儲からない」。

資産づくりには不労所得が不可欠ですが、そのためには今の仕事もまた極めなければならないということです。

これは一見矛盾しているようですが、そんなことはありません。きちんとした仕事ができない人物には、あまり魅力を感じないでしょう。ならばいい人脈ができるはずはなく、したがってお金も集まらないということになるからです。

今の仕事は将来に向けた投資生活の絶好の訓練だとも言えます。

華僑投資家も親からの相続でなく自分で資産を築いた第一世代は、誰もが本業でも成功しています。本業も満足にできないのでは投資をやっても徹底できず、失敗するケースを幾度も見てきました。

人生にはハードワークの修業時代も必要なのです。

思う存分働いて、自分を大きくしてください。

なお、ここで言う仕事とは広い意味での仕事ということ。労働以外の趣味の世界も含めます。先ほどワインのことも書きましたが、趣味を極めることもいい人脈、ひいてはお金儲けにつながるでしょう。

感情をコントロールする正しい知識を持つ

鉄則3は「お金に感情をはさまない」。

感情は判断を鈍らせたりすることでほとんどの場合はお金儲けの妨げになること、そして感情をコントロールするには正しい知識を身につけるしかないことをお話ししました。

華僑投資家は誰もが、お金と感情を見事なまでに切り離して考えています。

人間関係とお金を決して混同せず、どんなに仲よくなってもお金のこととなると話は別でした。

そしてそれを徹底させているのが、彼らの根本にある経済的合理性に基づいた正しい知識です。状況を見誤らせない正しい知識は、多くの投資家が財産を失うことになったアジア通貨危機からもタム氏らを救いました。

あなたも今から感情をコントロールする訓練を積んでください。

投資を始めてからの失敗は、より大きなものになります。

それには普段から、とくにお金と感情を切り離して考えるくせをつけることも大切ですが、それとともに正しい知識を積み重ねていくことでしょう。

また、お金には、きれいもきたないもありません。

お金持ちになるのにまず大事なのは、次のように発想を変えることです。

働いて、汗水たらして得る「就労所得」も、株などで得る「不労所得」もお金はお金。不法に得たものでない限り、どっちがいいだの悪いだのということはありません。

みなさんの多くはサラリーマンだと思います。

これまで詳しくお話しした通り、普通のサラリーマンの就労所得だけでは資産を築くことはできません。資産を築くには不労所得が必要なわけですから、まずは働きながら投資のタネ銭づくりを始めてください。

華僑富豪たちも一世世代は誰もが、若い日々のハードワークでタネ銭をつくり、それを投資に回すことで資産を大きくしてきました。

現在の日本なら、タネ銭は最低一〇〇万円は必要。タネ銭ができるまでも投資の勉強は進め、成功するための準備をしておきましょう。

時間だけは誰にも平等であることは、こういう部分に表れます。

あなたがサラリーマンなら、一所懸命働けば疲れてストレスもたまりますから、同僚と帰りに一杯というのもいいですね。私も焼き鳥屋でのバイトに明け暮れた学生時代、そうやって心をなぐさめる人々とたくさん話をしましたから、その楽しさはよくわかります。

けれどもその日のうさを晴らすために居酒屋で過ごす三時間も、帰って将来のための勉強をする三時間も同じ三時間。だとしたら、その三時間の積み重ねが、後に大きな差になって表れるのです。

また、どちらの三時間も同じだと気づけば、働いて得た一〇〇万円も投資で得た一〇〇万円も、同じ一〇〇万円だということがよく理解できるのではないでしょうか。

「タイム・イズ・マネー」といいます。時間はお金に結びつくというだけでなく、その平等性においても両者はよく似ています。

就労所得から不労所得へ

鉄則4は「資産は不労所得で増やす」。

ここでは実践編として、実際に華僑投資家と彼らに学んだ私がどのように資産を増やしていったかをお話ししましたね。

最初は、就労所得でつくったタネ銭から不労所得へ移行する方法についてでした。

投資はタネ銭なしには始まりません。

ということはまず、タネ銭づくりが最初。普通はサラリーマンをしながらお金を貯め、並行して投資の勉強をすることになります。

二三歳、五〇〇〇香港ドルでスタートしたタム氏と証券会社の営業マンだった私を例にとってお話ししましたが、両者ともまずハードワークでタネ銭や人脈をつくり、それを投資に回して、経済的合理性に基づいた方法で増やすという典型的なコースをたどっています。

お金には一定の額まで集まると増えやすくなるという、「クリティカル・マスの鉄則」についても説明しました。

さておき、その時代にもっとも合った方法をとることが、経済的合理性に合っています。たとえば今日本で可能な「ゼロ円起業」。経済活性化のための特別措置ですが、アイディアさえあれば事業が始められるすばらしい制度です。

いい企画と経営手腕さえあれば、この方法でも投資のタネ銭づくりは可能でしょう。

ただし、それなりのハードワークと経済的合理性に支えられた経営がなければ、どんないいアイディアがあってもビジネスはうまくいきません。ここまで読んでくれた読者のみなさんなら、もう当然と思ってくれますね。

時間を考えても一極集中投資のメリットは大きい

鉄則5は「一極集中投資こそ王道」。

5と6では、効率のいい投資法を具体的に考えています。

これは日本の初心者向けの本に多い、「株式投資はリスクの少ない分散投資で」という言説への反論として提示しました。そういった本がいうように、分散投資は本当にリスクが少ないのでしょうか。

私が華僑投資家と付き合ってわかったのは、彼らの多くがこれと思った投資対象に集中投資することで資産を増やしてきたことです。リスクを回避するために、投資対象を分散するという話はほとんど聞きませんでした。

もちろん一般的に言えば、集中投資ではその投資対象が値下がりした場合、ダメージは大きいでしょう。

けれども投資対象について徹底的に調べる華僑投資家は、本当に投資するに値すると思ったものにしか投資しませんから、実際に値下がりする可能性はかなり小さくなります。結局のところ、リスクが大きいかどうかは投資対象次第。よく調べ上げさえすれば分散投資より一極集中投資のほうが資産づくりには向いています。

また、とくにサラリーマンが本業を持ちながら投資する場合、分散投資はデメリットも大きいことを忘れてはいけません。投資対象が多ければそれだけかかる労力も多くなりますから、結局リスクは大きくなります。

研究にかける時間を考えても、一極集中投資のメリットは大きいと言えるでしょう。

情報や交通の発達で時間も超越する

鉄則6は「国境を越えて投資する」。

投資先を限定せず、もっとも効率のいい場所で投資することをおすすめしました。

もともと自由な経済制度だった香港の華僑投資家たちは、日本人より自由に国境を越えてお金を動かしていました。私もその様子を見て、それまで最高だと思っていた日本の経済システムに疑問を抱いたのも事実です。

しかし日本でも日本版経済ビッグバン以降は経済の自由化が進み、華僑投資家のように世界中で資産を運用するチャンスが広がっています。さらに言えば、インターネットの普及などの情報化やＢＲＩＣｓ（ブラジル・ロシア・インド・中国）の台頭など、日本人が海外を投資の舞台にして儲けられる可能性は高くなっているのです。

鉄則6では、投資先の一例として、マカオ、ベトナム投資について書きました。しかしマカオやベトナムも、二〇〇六年現在におけるひとつのサンプルに過ぎません。今後も世界情勢の変化に応じて、同じように経済力をつける国がいくらでも現れるでしょうし、それによって私たちの投資の可能性もまた広がります。

インターネットが越えたのは、実は国境だけではありません。かつてならそれを得るために必要だったもの、すなわち時間をもおおいに超越したのです。

勉強と人脈とタイミング

以上、ここまでお話ししてきた鉄則をざっとおさらいしてみました。これら華僑投資家のお金儲けの鉄則に基づいて行動すれば、必ずあなたもお金持ちになれます。

そしてこれらの鉄則を見ると、今みなさんがやらなければならないこともおのずと決まってくるでしょう。

専門性を高める努力をして、投資の勉強をする。これは毎日の課題として取り組まなければなりませんが、訓練だけしていてもお金持ちにはなれません。

学んだうえで投資を実践し、それで資産を増やす必要があります。そのためにはどうしても、現在の就労所得からタネ銭をつくらなければなりません。

十数年前、当時学生だった私は苦労してお金をため、最初の株を買いました。買った直後から値下がりし、長い間低迷したままでした。

日本はバブル絶頂期で、ほとんどの銘柄が上がっていたころです。

私は初めて自分のものになった株の値動きに疑問を感じました。これが株には勉強が必要だと思った最初の出来事です。

この若いころの情けない経験から、三つのことが言えるでしょう。

まず、①投資には十分な勉強が必要ということ、次に②それにはお手軽な証券会社の営業マンなどでなく、信頼できる情報や人脈が必要ということ、最後に③投資にはタイミングが重要ということです。

タネ銭は額に汗して稼いだ大事な財産。そのお金にお金を集めてもらうためには、勉強と人脈とタイミング、つまり経済的合理性が必要なのです。

常識を捨て、まず行動を起こそう！

ある程度の元金があって、スキルと人脈、それにタイミングが合えば、必ず投資はうまくいきます。ただこのとき、経済的合理性に基づいた投資の妨げとなりやすいものがあるので注意してください。

それは我々がおちいりがちな「今の常識」というものです。

もちろん社会人としての一般的な常識など、生活を円滑に進めていくうえで身につけていなくてはいけない常識も数多くあるでしょう。ここでいう性質のよくない常識とはそういうものでなく、これまでこうだったからという安易な発想で思考を停止させる、あるいは、知らないからといってすべてを否定する、ある種の不合理な「常識」です。

こうした種類の常識は、しばしば経済的合理性に反します。

「今の常識」を超えたところに新しいビジネスが転がっていることは、私の中国株に特化

した ネット取引証券会社が典型例でしょう。中国の成長や経済ビッグバン、沖縄という地の利など経済的合理性に基づいたアイディアだったわけですが、最初はなかなか理解されませんでした。

中国に対する、そしてネット取引に対する先入観や日本的で狭い常識でしか物事を見ようとしない人は、私のやり方は一般的な理解の範囲を超えていたのです。

みなさんのまわりにもせっかくためた元金を投資に回そうとすると、株みたいな危険なものに手を出してとか、まじめに働くのが一番だとか言う人が何人かはいるでしょう。これは日本社会では、当たり前といえば当たり前の反応です。

しかし常識というものが、きちんと考えれば刻々と変化していくものだということはおわかりでしょう。高度成長期にも、バブル期にも、「失われた一〇年」にもそれぞれ「常識」とされる生き方があり、少したってみてからそれがどんなものだったかが明らかになったのです。

ですから、とくにみなさんが投資でひと財産築こうというのなら、その時々で変わっていく「常識」ではなく、資本主義がある限り変わらない経済的合理性を基準にして行動するべきです。

投資で成功するには、すぐれた判断力と豊かな洞察力が欠かせません。タチのよくない常識にとらわれているとこれらの力がうまく発揮できず、せっかくのチャンスを逃してしまう可能性が高くなります。

そんなつまらない常識より、経済的合理性を大切にしなければなりません。

三年後の仮説を立てる

では、どうすればつまらない常識から解放されるでしょう。

人生にはビジネスモデルが欠かせません。そして、お金を人生の重要事項と決めるなら、また、お金を自身のライフワークの必要事項と定めるなら、お金を組み入れた自身のビジネスモデルを組み立てることが早道でしょう。

この本は巷《ちまた》の「お金本」にありがちな〝成功伝達本〟ではありません。

ほとんどの「お金本」は人生哲学で終わっています。なんとなく納得させられたあとに未解決で未解消の引っ掛かりが残ります。

お金と感情は表裏一体だからです。

華僑投資家と二〇年近く接していて、なぜ、勤勉で努力家の日本人より個人ベースで大金持ちの華僑投資家が多いのか？　という疑問を何度も自問しました。その結果、経済的合理性のほかに、ある共通点が読み取れました。

それは、彼らが必ず三年後の計画を立てていることです。

「人間と犬や猫などの動物の大きな違いは何か？」

この答えは、将来の仮定と仮説ができることです。

ただ、人間も動物の仲間ですので、目先の事象にとらわれる習性を持っています。この習性は、人間は（というより動物は）手に届くことを基準に将来を描くという性質を持っているからです。

不動産の波や、景気、株式、選挙や政変、自然科学など多くの事象は、現在から三年後には完成しているか変化しています。三年後を完成形と仮定し、その次の新たなステップまで仮説を立てるのです。

たとえば、景気や株価、不動産価格の三年後を仮定します。そして、次に来る波をも大胆に予測し、現在に種をまきはじめます。

今まく種は、かなり安く仕入れることができます。そしてブームの予兆がきたときに本格的に乗り出します。

ブームの初期の時点では考えられない金額を投資しますが、その投資額と三年前にまいた種がすでに同金額に育っているのです。

ということは、現在でしたら二〇〇九年に何が起こっているかを検証することです。三年後の二〇〇八年にどうなり、次の波の二〇〇九年からは自身の周囲の経済環境がどうなっているかを仮定することです。

書籍やインターネットを使えば、どのような技術や都市の再開発が完成しているかなどの情報は、比較的容易に得ることができます。

北京オリンピックやアメリカの大統領選挙の始まる二〇〇八年、ヒラリー・クリントンとコンドリーザ・ライスの女性同士の大統領選挙が始まっているかもしれません。米国初の黒人大統領しかも女性大統領が登場するとどこの不動産、株価が上昇するのでしょう。もちろん、あくまで「仮説」ですが……。

北京でオリンピックが開催されるなか、同じ中国特別行政区・マカオでは世界最大のカジノ・エンターテインメント都市が一流の欧米資本により完成し、中国はもとよりアジア各国から相当な観光客が集まります。

ベトナムもそのころは民間企業が大成長を遂げ、社会全体に大きな変化が訪れているかもしれません。ほんの少し前まで自転車に乗っていた中国人が、今や高級外車に乗っているように。

そんな変化の三年前に当たる現在、何に種をまけばよいのでしょう？

私の「Destination」

みなさんもお金持ちになりたいのなら、やるべきことはもうわかったはずです。けれどもそれを実際の行動に移すのは意外に難しいから、多くの人はあきらめて夢を夢のまま終わらせているのです。

私が岡三証券に入社して三年目。経験もなく顧客もなく年収は五〇〇万円、まだ華僑投資家とも付き合いはありませんでした。

そんな状況のなか、私にはふたつの目標があったことはすでに書きましたね。

ひとつは「岡三証券の社長になろう」、もうひとつは「手数料で一億円を稼ぐ」でした。

でもひとつ目の目標はすでに頭のなかから消えていました。そのときこの会社には、自分の将来をかけられないと思ったからです。

それなら、

（自分で会社を作って社長になろう）

そう思った私は、それまでの債券担当から株式営業に変わった日、部屋に戻ると一冊の新しいノートにペンで大きくこう記しました。


「代表取締役　林　和人」


それから、口に出して読んでみました。

なんともくすぐったい感じです。

それからは目標や思ったことを全部ノートに書き出しています。

苦しいことがあっても気持ちを少しでも整理し、現在の課題やこれからやるべき項目をノートに毎日書き出すのです。

ノートのタイトルは「Destination（デスティネーション）」。

〝目的地〟です。

嵐の夕べも、快晴の朝も、はるかな土地を目指してはばたく渡り鳥のように、目的地を明確にしようと考えました。


私はどこへ行くのだろう。

私はどこを目指すのだろう。


それを毎日、確認していこうと思ったのです。

ノートに思いをぶつけていくと、少しだけ気持ちが整理されていきます。また、やるべきことが明確になるので、翌日の仕事にも迷いがなくなりました。

私はサラリーマンとして香港へ赴任し、言葉の壁や会社でのさまざまな困難とぶつかりました。

（絶対に株式営業マンになって独立してやる！　そのために手数料収入を上げてトップセールスマンになる！）

独立して社長になるのを一〇年後と定め、ずっとその文字を見つめます。

もちろん自信はまったくなく、目の前には永久に抜け出すことのできないように思える暗い夜道だけが続いていました。

しかし私が人生を「Destination」と歩きはじめてから、少しずつ状況が変わってきました。ハードワークの営業がようやく実を結び、忘れることのできない華僑投資家たちに出会うことができたのです。

それも私の無口な相棒、〝目的地〟に向かって、毎晩夢を語り続けた結果だと思います。夢は語ることで具体的なイメージができ、それが夢のために努力するファイトを生み、夢を実現に導くのでしょう。

今は私に大事なことを教えてくれた華僑投資家たちとともに、毎夜付き合って夢を聞いてくれた私の「Destination」にも感謝しています。

次はあなたが「Destination」に夢を語る番です。

あとがき

お金持ちになりたいと願うみなさんへ

この本を書いている間に、ライブドア事件や村上ファンド事件などが相次ぎ、不法行為を行いながらマネーゲームのようにお金を稼ぐスタンスに非難が集中しました。

インターネットの普及により株式投資が手軽に行えるようになり、日本の個人投資家のなかでも億万長者が出はじめた矢先、一部報道には個人投資家とホリエモンとを一緒にして「投資して金を稼ぐヤツは悪い」という論調のものまであり、まだまだ日本人は「投資してお金を稼ぐ」ということに悪いイメージをもっているのかと、テレビを見ながら少し悲観したのを覚えています。

額に汗して働くこと。

これは我々日本人が持つ素晴らしい美徳だと思います。

もちろん、私も学生時代に年中無休の焼き鳥屋で懸命に働いていましたし、香港の証券マン時代には、暑いなかスーツを着て飛び込み営業もしました。額どころか全身汗だくで働いたものです。働くことの素晴らしさを教えてくれたのは、私が幼いころに懸命に働いて育ててくれた父や母の背中でした。

しかし、就労所得とは別に不労所得を得るようにしなければ、どうしてもお金は増えていきませんし、いつまでも生活は楽にならないのが現実です。

華僑投資家の大豪邸で必死に証券営業をしながら考えたこと。

「なぜ彼らはお金があるのだろう」

「なぜ自分はこんなにお金がないのだろう」

彼らの成功を「単なる幸運」と思うのをやめ、彼らとともに働き徹底的に分析をした結果、その成功が、経済的合理性に基づく彼ら独自の考え方によるものだということがよくわかりました。

その気づきが、現在の私を作り上げてくれたのです。

読者のみなさんも、ここで華僑投資家の考えに触れて、肯定する部分や否定する部分などいろいろあるでしょう。

ここでもし彼らと同じ成功を収めたいと思うのでしたら、まず時間を意識してください。

これだけは、誰にも皆平等です。私がそうしてきたように、目標となることを定め、日記に毎日の行動記録をつけて、日々振り返るようにしてみましょう。

とくにお金の使い方や貯め方など、自分のお金に対する行動や結果をチェックしてみてください。まずは働きながら、投資をするためのタネ銭をつくりましょう。

そして投資に関する勉強を始めてみてください。今なら証券会社の無料セミナーや、各種の投資本もたくさん出ていますから、自分の好みに合ったものをひとつ見つけて、徹底的に勉強してください。

そのうえで、投資するジャンルのことをよく知り、かつ成功している人を見つけて、彼がどのような投資方法を行っているのかを教えてもらいましょう。

投資にはリスクがつきものですが、勉強をすればするだけ、経験を積めば積むだけリスクは減らせます。そしてリスクが減る分、儲けは増えていくでしょう。

私も、毎日本を読み、人と会って情報を収集し、投資について徹底的に勉強しています。

それは資産を形成できた現在でも変わることはありません。

あきらめてしまうことはとてもカンタンです。
勉強したくない日もたくさんあるでしょう。
しかし、自分の人生を実りあるものにしたいと願う人であれば、まず行動すること。
さあ、始めましょう。
笑って、三年後の自分に出会うために。

林　和人

Profile

林　和人（はやし　かずと）

1964年3月15日、大阪府生まれ。1987年関西大学商学部卒業後、岡三証券に入社。1988年、岡三証券香港法人に出向。日本株の営業マンとして、夜討ち朝駆けを繰り返し、香港大富豪層の信頼を得る。1994年、シンガポールの大手証券の香港法人、ビッカーズ・バラス証券に移籍。歩合制の営業マンとして活躍し、香港証券取引所の日々の売買高の3〜5%を動かす。1996年、山一證券香港現地法人取締役に就任。1999年香港の証券取引所正会員、ユナイテッドワールドセキュリティーズを友好的に買収。2001年、沖縄県名護市の金融特別区に日本初の中国株専門ネット証券会社ユナイテッドワールド証券を設立し、2002年に営業開始。代表取締役社長CEO兼COOを経て、現在、取締役会長兼ユナイテッドワールドグループ代表。

香港大富豪のお金儲け 7つの鉄則

2006年10月10日　第1刷発行
2006年10月20日　第2刷発行

著　者　　林 和人

発行者　　見城 徹

発行所　　株式会社 幻冬舎
〒151-0051
東京都渋谷区千駄ヶ谷4-9-7
電話　03-5411-6211(編集)
　　　03-5411-6222(営業)
振替：00120-8-767643

印刷・製本所　図書印刷株式会社

検印廃止

ISBN4-344-01240-2 C0095

幻冬舎ホームページアドレス
http://www.gentosha.co.jp/

この本に関するご意見・ご感想をメールでお寄せいただく場合は、
comment@gentosha.co.jpまで。